KRISTJAN KNALL

BERLIN ZUM ABKACKEN

ALLE ARSCHLÖCHER NACH BEZIRKEN

EIN HANDBUCH

EULENSPIEGEL VERLAG

INHALT

Klientel	Tun
spießig bis paralysiert	auf dem Tempelhofer Feld machen, dass man weg kommt
Snobs, Eltern und anderer Luxusausschuss	sich an der Greifswalder vorstellen, dass es hier mal Leben gab
Murkel, die es nicht ganz nach oben geschafft haben	mit einem Eis bei Henning in der Bundesallee den Nazibunker gegenüber blickficken
auch, dazu konservative Junkies	am Zoo sehen, dass Westberlin auch scheiße war
Völlig fertig, dazu eine Prise Hipster	die Bar am Nauener Platz finden und den Club am S-Bhf. Wedding. alternativ: sich im Soldiner Kiez erschießen lassen
auch	im Märkischen wahllos Leute anpöbeln und für einen langen Urlaub planen
Nazis, Betonköpfe und alle, die es sich nicht leisten können abzuhauen	entdecken, dass der Tierpark angenehmer als der Zoo ist
Snobs, Hipster, Yuppies, Politiker: der Bodensatz eben	Scheiben einschmeißen, Exkremente verschmieren
nett und harmlos	Wildschweine durch den Wald zum verfallenen Müggelturm jagen
ziemlich fertig, gibt es aber nicht zu	Nutte an der Potsdamer abgreifen und mit Heroin von der Turmstraße bezahlen

hart bis hip	Kellerclubs finden, sich von Dealern in der Hasenheide Komplimente machen lassen
stumpf	sich auf dem Weihnachtsmarkt volllaufen lassen
unscheinbar bis spießig	am Sowjetmahnmal im Treptower Park beten
kotzend und zum Kotzen	das letzte unsanierte Haus finden und stundenlang fotografieren
Lehrer, Schwule, Prolls	hipsterfrei essen gehen
noch schlimmer	Bordsteinbeißen
Gutsherren	an der FU den Ausschuss von morgen begutachten, danach im Grunewald verschwinden
findet sich besser, als es ist	vom Flakturm Heinersdorf springen
bunt, besoffen, hip, verhippiet	im Görli kiffen, am 1. Mai revolutionär sein, vom Barhocker kippen

EINLEITUNG

Viele auf den ersten Blick zurechnungsfähige Menschen kommen nach Berlin oder bleiben hier wohnen. Sie reden sich ein, es gäbe gute Gründe, die es nicht gibt: Arbeit? Ästhetik? Erfüllung? Fehlanzeige. Schlimmer noch, sie reden sich ein, Berlin sei »urig« und »echt«, die Berliner seien ein ganz besonderes Völkchen, und man müsse sie nur richtig kennenlernen, dann würden sie ganz ok sein. Hinter dem groben Rumgeschnaube stecke ein gutes und vor allem ehrliches Herz. Der Dialekt sei ja irgendwie total cool, und man würde das auch gerne können. Das Gefühl in der Stadt an einem verregneten Sommertag sei melancholisch schön. Überall spüre man Kreativität, Bewegung, den Hype.

ALLES UNFASSBARER BULLSHIT.

Berliner sind einfach nur Arschlöcher. Grundlos, unreflektiert und monoton gleichbleibend.

Es gibt keinen Hype, es gibt nur das verzweifelte Schreien nach Aufmerksamkeit mit den armseligsten Äußerlichkeiten, weil sich keine Sau für einen interessiert.

Der Dialekt wird auch in Brandenburg in die Gegend gebrochen und ist unter Nazis der gute Ton.

Die Eigenwilligkeit der Berliner ist nichts weiter als ein egoistisches, stumpfes Dahinvegetieren und der Versuch, die eigene Minderwertigkeit an möglichst vielen auszuleben, die es mit sich machen lassen.

Geld? Wo denn?

Kunst? Zum Kotzen schlecht, nur Egoprothese.

Urbanes Flair? Hat auch ein vollgepisster Bahnhof.

Und wenn der Berliner eines nicht ist, dann ist es echt. Da ist nämlich einfach nichts in dieser stumpfen, leeren Hülle, die einem täglich hunderttausendfach entgegengeworfen wird, sie ist nur angefüllt mit Frust, Aggression und Missgunst.

DU INTERESSIERST HIER NIEMANDEN!

WILLKOMMEN IN DER HAUPTSTADT DER ARSCHLÖCHER!

LAND BERLIN GERMANIA 2.0

Was ist das heutige Berlin? Bestenfalls inhomogen. Das Einzige, was einem mit Fug und Recht Spaß machen kann, ist die Durchmischung. Nicht, dass die Regierung nicht durch Mietverdrängung, Restrukturierung und ganz banalen Ausverkauf der Stadt versucht, diese zu unterbinden. Sie wünscht sich eine schön gleichgeschaltete Fabrik, die man auf der neuen A 100 schnell durchfahren kann, um dann in seiner Gruft in Heinersdorf oder sonst wo zu verfaulen.

Berlin ist heute auf dem Weg, schnellstmöglich so langweilig und gesichtslos wie andere Hauptstädte der Welt zu werden, in denen es aber genug Zaras und Starbucks gibt, um sich zu Hause zu fühlen.

Die Berliner sind eine Mischung aus verschiedenen Arschlöchern. Das Einzige, was sie gemeinsam haben: sie nerven sich gegenseitig. Junge nerven Alte, Spießer nerven Punks, Künstler nerven Prolls und andersrum.

Klar, alle finden es total super, hier zu leben, ey. Besonders wenn sie erst ein paar Jahre hier sind. Und heulen sich dann doch einsam in den Schlaf oder haben ihren Nervenzusammenbruch noch vor sich.

Die Altberliner wissen es besser, sie sind schon total abgestumpft und erwarten nichts mehr. Sie sind vom Menschenmüll genervt und versuchen – weil Schulddifferenzierung was für Anfänger ist – Berlin als Ganzem so viel Schaden wie möglich zuzufügen. Es hat seinen Grund, wieso Berlin nur zu einem Drittel aus Ureinwohnern besteht: Ratten verlassen ein sinkendes Schiff. Alle, die sich einbilden, in ihren über die Jahre in unfassbar coolen Kreativindustrien verschwendeten Leben glücklich gewesen zu sein, stellen irgendwann fest, dass alles scheiße war. Dass sie jetzt vom Fleck weg sterben könnten und dass das vielleicht noch das Beste wäre, was in ihrem völlig verkorksten Restdasein passieren könnte.

Unter der Oberfläche schwingt das mit und vergiftet das Stadtklima. Das ist es, wofür die neuen Berliner kein Gespür haben. Die allgegenwärtige Missgunst und Verachtung, die die Menschen einander entgegenbringen. Das ist nicht unbedingt

was Schlechtes. Man kann viel Spaß daran haben oder ein Buch darüber schreiben. Verhängnisvoll ist nur, es nicht wahrzunehmen. So ähnlich wie einen Hirntumor, der einem noch ein Jahr zum Leben lässt. Entweder man weiß von ihm und kann das Jahr noch mal richtig genießen und alles, was man hat, auf den Kopf hauen. Oder man siecht weiter in seiner *abturnenden* Alltagsexistenz, bis einem der Kopf wie ein Luftballon platzt.

Deshalb ist es wichtig zu wissen, was die Arschlöcher treiben, wo sie sind und was man machen kann, um ihnen zumindest zeitweise zu entkommen.

TEMPELHOF

Wieso sollte man mit Tempelhof anfangen? Seit es Tempelhof gibt, ist es ein Synonym für Tod auf Raten. Nach Tempelhof ging man nur zum Sterben. Jahrzehntelange eiserne CDU-Herrschaft hat einen drögen, langweiligen Mikrokosmos erschaffen, in dem sich Rentner wohlfühlen und Jugendliche aus Frust Autos anzünden. Tempelhof ist so ungefragt da wie jeder Anfang, hat aber von vornherein schon aufgegeben.

Tempelhof liegt im Süden Berlins, mitten im ehemaligen Westen, aber es war schon immer ein Mehrfrontenbezirk, der seine Bewohner in ihrer Mittelmäßigkeit radikalisiert hat. Ganz profan grenzte auch Tempelhof an den Stadtrand, also die DDR. Um ein Monument des lebenswerten Westens dem sozialistischen brandenburgischen Nichts entgegenzusetzen, wurden das angrenzende Lichtenrade und Teile Marienfeldes zu einer Einfamilienhauswüste ausgebaut. Hier wohnten Berliner, die eigentlich lieber in München oder auf der Schwäbischen Alb gewesen wären. Der monströse Tempelhofer / Mariendorfer / Lichtenrader Damm zieht sich schnurgrade durch den ganzen Bezirk wie ein ausgewickelter Darm. Die in der Nahrungskette oben sind, die Lichtenrader, scheißen zuerst, der Rest frisst und scheißt weiter, bis am Platz der Luftbrücke das für den durchschnittlichen Tempelhofer unvorstellbare Elend von Kreuzberg beginnt.

In Lichtenrade steht die Zeit seit 1960 still. Die wenigen Bars sind deshalb, nicht verwunderlich, Retrobars oder Mexikaner im kolonialfaschistischen Stil. Die niedrige Bebauung an den Hauptstraßen beherbergt Geschäfte für eine Zielgruppe über sechzig. Dringt der Besucher in das weite Hinterland vor, so sollte er gewarnt sein. Verschlungene Einbahnstraßen machen die Fortbewegung mit dem Auto mühsam, der Lichtenrader will nicht gestört werden. Zu Fuß verhungert man zwischen endlosen Einfamilienhäusern. Auf den Irrwegen wird man paranoid, und das nicht unberechtigt. Der Lichtenrader sieht einen. Hinter Vorhängen und unter gestickten Tischdecken beobachtet er argwöhnisch jeden Eindringling, gegen den sich sein Frust richten kann. Denn der Lichtenrader hat es geschafft, in einem Mittelklassevorort zu leben. Aber von der Oberklasse ist er noch weit entfernt. Schlimmer noch, fetischistisch polierte Mercedesse und millimetergenau getrimmter Rasen können die soziale Vereinsamung, die fehlende Reflexionsfähigkeit und das schreiende, schreiende Ungeficktsein der Lichtenrader nicht kompensieren. Wenn man doch mal einen direkt zu Gesicht bekommt, so wandelt er wie ein Zombie durch den Vorgarten. Er hält an und starrt. Tonlos, wortlos, angepisst. Der Besucher kann versuchen, eine absichtlich falsche Auskunft zu erhalten, meist grüßt ihn aber nur seniles Schweigen.

Lichtenrade ist der unerfüllte Traum der Generation Materialismus, der Alptraum der Menschlichkeit. Kein Zufall, dass kalte Machtpolitiker wie Klaus Wowereit sich dort wohlfühlen.

Marienfelde ist nicht viel besser, eher schlechter. Es ist die Billigversion von Lichtenrade, die Swimmingpools sind noch aufblasbarer, die Häuser noch weniger wie in Schwabing, und die Gastronomie hat sich schon lange kannibalisiert. Schlimmer noch: Es gibt auch blankes Elend. Wird das in Lichtenrade noch in Hochhaussiedlungen an der Barnetzstraße mit mäßigem Erfolg weggeparkt und ausfallstraßengeknebelt, so ist der architektonische Ausschuss in Marienfelde nicht zu übersehen. Die Mau-Mau-Siedlung an der ehemaligen Stadtgrenze ist der Schandfleck Tempelhofs. Wohl als kapitalistisches Weststatement gedacht, blickt sie auf Brandenburger Felder. Ihre Botschaft war: »Seht her, wir können noch viel unmenschlichere Blöcke bauen als ihr im Osten, aber weil der Kapitalismus es so unglaublich bringt, lassen es die Leute hier sogar ohne

Russenpanzer mit sich machen!« Das funktionierte passabel, bis die DDR zusammenbrach.

Seitdem sind die Hochhäuser und Flachbauverzahnungen nur noch ein Mahnmal, wie scheißegal der Gesellschaft ihre schwächsten Mitglieder sind. Aber im Gegensatz zu Lichtenrade gibt es hier Kinder. Hier wird die Zukunft geboren, die dürfte dann so aussehen wie ein prominenter Vertreter des Viertels: Bushido. Gratulation an die Generation der Sozialsystemerosion seit 1980 und an die Finanzmärkte. Euren Lebensabend werden Menschen begleiten, die weiße Mercedesse, dicke Silikontitten und miese, hinterhältige Verlogenheit, um den eigenen Arsch meistbietend zu verkaufen, als Grundwerte ansehen. Würden Lichtenrade und Marienfelde nicht so oder so langsam verrotten und immer unattraktiver werden, hätten die Bewohner schon längst eine neue Mauer beantragt – um diese Viertel herum.

Weiter nördlich, Richtung Stadtzentrum, liegt paralysiert Mariendorf. Dieser Teil Berlins versucht, schon Stadt zu sein, scheitert aber kläglich. Mittelhohe Bauten, mittelteure Geschäfte, mittelmäßig viel Grün, mittelmäßig weit weg vom Zentrum: Mariendorf ist Tempelhof in Reinform. Niemand interessiert sich auch nur einen Hauch dafür. Die Bewohner merken das nicht aktiv. Passiv aber frustriert es sie bis zur Ohnmacht, und sie werden ihr Bestes geben, diese Frustration an jedem und allem auszulassen.

In jüngster Zeit findet sich Mariendorf, für seine Bewohner erschreckend, an einer neuen Grenze: Der zwischen innerstädtischem Elend und bürgerlichem Randberlin. Tempelhof war zu Westberliner Zeiten gut abgeschirmt gegen das böse Neukölln, das voller Nichtsnutze, Sozialschmarotzer und Ausländer war. Im Norden hielt der Flughafen sie auf komfortable zwei Kilometer Entfernung, und Richtung Süden breitete sich ein Industriegebiet aus. Untypisch für Berlin gibt es dort tatsächlich Industrie. So die Bahlsen-Keksfabrik, deren Duft die ausgehungerten Flughafendurchwanderer riechen können.

1660 Kilometer südlich liegt Mallorca, da will der Berliner zum Entspannen hin, weil es warm, aber schön deutsch und plattig ist. Reicht der Rest vom Hartz nicht, bleibt einen Kilometer südlich vom Industriegebiet der Britzer Garten. Ein Park, in dem man bezahlt, um kein Elend sehen zu müssen. Das betrifft glücklicherweise Hunde, leider aber keine Kinder.

Durch die radikale Verdrängung aus der Innenstadt landen jetzt allerdings immer mehr Zuwanderer in Mariendorf. Die Mieten dort sind mittlerweile niedriger als in Nord-Neukölln und die Westplattenneubauten ästhetisch hinreichend, sollte man Altbau noch immer mit Erbärmlichkeit gleichsetzen. Besonders um den Westphalweg und an den lärmgeschüttelten Frontbauten des Mariendorfer Dammes müssen sich die Mariendorfer mit neuen Nachbarn abfinden. Es ist schwer vorstellbar, wie sehr sie das in ihrem Stolz kränkt. Wer es jetzt nicht mindestens nach Marienfelde geschafft hat, kann sozial einpacken.

Weiter nördlich liegt Alt-Tempelhof, das größtenteils schon aussieht wie Innenstadt. Ist es aber nicht. In Alt-Tempelhof, wie auch in Tempelhof im Allgemeinen, gibt es keine nennenswerte Bar, kein nennenswertes Restaurant, kaum eine nennenswerte Kultureinrichtung und kein Kino. Letzteres macht Tempelhof sogar im Berliner Ödnisbezirkvergleich zu einer Ausnahme. Alt-Tempelhof ist das Gleiche wie Marienfelde, nur mehr in der Vertikalen.

Neu-Tempelhof hingegen ist eine Stufe härter. Es teilt sich in die Fliegersiedlung und den Rest. Die Fliegersiedlung ist eine denkmalgeschützte Einfamilienhaussiedlung. Sieht aus wie Lichtenrade, liegt aber schon mitten in der Stadt. Das gibt diesem Spießerkosmos eine Arroganz und eine radikale Vorpostenhaltung, wie sie der Altberliner im Vergleich zu Restdeutschland hat. Hier wird offen gezeigt, was man hat, hier ist man akademisch, hier ist 24/7 Fensterbrettüberwachung – und alles verboten, was nicht ausdrücklich erlaubt ist. Durchfahren? Fehlanzeige. Nur auf ausgewählten Strecken in Schrittgeschwindigkeit. Rumstehen? Die Golems postieren sich vor ihrer Haustür. Im Park sitzen? Der Hund aus dem Gartengefängnis nebenan bellt jeden weg.

Der Rest von Neu-Tempelhof ist Tempelhof im Nazigewand. Durchgehende Siedlungen mit betonter Trennung von Leben und Arbeit bilden eine weitverzweigte Schlafstadt. Es gibt keinen Grund, dorthin zu gehen, es sei denn, man möchte sich Konzentrationslager gruseln.

Ja richtig, Tempelhof beherbergte, wenig überraschend, eines der ersten KZs. Eingebettet in die Kolonien an der General-Pape-Straße stehen unheimliche Backsteinbauen. In diese wurden Juden, Kommunisten und andere Untermenschen im Dritten Reich verschleppt und in den Kellern zu Tode geprügelt. Zum Glück gibt es eine kleine Tafel, die daran erinnert, dass dieser Ort eine Preußische Armeekaserne war. Danach herrschte historisch beflissen Stille. Der Tempelhofer will unschöne Geschichten aus dem Dritten Reich nicht vor seiner Nase haben. Er will auf keinen Fall hören, dass dort zweitausend Menschen gefoltert und mindestens zwanzig getötet wurden, waren ja auch nur Kommunisten und Juden. Ein Witz gegen die über eine Million von Auschwitz, und sowieso, das ist heute Polen, und wir haben von nichts gewusst, und die da oben und SA-Gefängnis klingt doch auch viel netter, nach Ordnung und so. Das reiht sich in die Tradition des 1. Eisenbahnregiments der Preußischen Armee ein, die davor dort ganz unverfänglich und zum Wohle des Volkes den Nachschub für vaterländische Kriege koordinierte. Die meiste Zeit, so sinniert der Tempelhofer, sind sie aber garantiert schon stramm marschiert, im Viereck oder, zu besonderen Anlässen, im Kreis. Das unterscheidet sich nicht groß vom Tempelhofer Alltag, nur dass jetzt der schöne, allumfassende Sinn fehlt. Der Marsch führt zu Aldi oder an besonderen Tagen zu Rewe. Da gibt's billige Fleischwurst, aber keine Erfüllung durch Korpsgeist. Und das ist auch gut so, denn die Nazis waren kein blinder Fleck in der geistigen Tradition hierzulande, sondern eine direkte Folge aus eben diesem Geist. In der Form lebt der Größenwahn munter weiter: So sind die Kolonien und das aus der Zeit gefallene labyrinthische Industriegebiet dort durch den monströs deplatzierten Bahnhof Südkreuz gebeutelt. Hier kann man sich exklusiv fühlen wie überall auf der Welt: Bestellt und nicht abgeholt in einem überdimensionierten Flughafen. Den neuen formfaschistoiden Großflughafen hätten die temporären Stadtdiktatoren sich, hätte es das komplexverkrüppelte Ego erlaubt, sparen können.

Aber auch in Tempelhof gibt es das kleine Dagegen. Die Ufa-Fabrik ist eine Trutzburg gegen die Einförmigkeit, die Tempelhof ansonsten plagt. Natürlich heimlich, still und leise, Tempelhof *style*. Es ist kein Understatement, sondern Autismus, der sie verhältnismäßig unbekannt hält. Für Alternative funktioniert das besser als für das Spießerpublikum, sie scheinen wenigstens Spaß zu haben. Wer will, kann hier Brot backen, Schweine füttern oder sich ansehen, wie die Welt ausgesehen hätte, wenn die Hippies den Krieg gewonnen hätten. Es ist auf jeden Fall nicht die schlechteste aller Welten. Verglichen mit dem neuen Tempelhofer Hafen nebenan, in dem der Herr von Welt seine Jacht direkt ins Einkaufszentrum fahren kann, ist sie sogar wirklich angenehm.

Herzstück und Existenzberechtigung Tempelhofs ist der Flughafen.

PRENZLAUER BERG

»Der« Prenzlauer Berg ist so wenig Berlin wie nötig und so viel München wie möglich. Im Prenzlauer Berg findet man alles, was man für ein Leben in der Ikeawelt braucht: Bistros, Weinstuben, snobistische Bars und alle möglichen Ramschläden, die ihren Müll als Kunst oder Handarbeit für teuer, ehrlich verdientes Geld verkaufen. Wer sein Geld verpulvern will, ist hier richtig. Aber bitte mit Stil. Hier kann man sich als guter Mensch fühlen, wenn man Biocidre aus regionaler Produktion kauft. Tausende verhungernder afrikanischer Kinder gratulieren einem im Geiste. Im Prenzlauer Berg fährt man nicht seinen orangefarbenen Hummer-SUV-Vergewaltiger Gassi, sondern sein 2000-Euro-Alu-Titan-Rennrad. Im Gegensatz zum Hummer nimmt man das dann auch mit in die Wohnung, vielleicht sogar noch bei Kerzenschein ins Bett, weil es selbst im Prenzlauer Berg nicht auf der Straße angeschlossen werden kann.

Architektonisch hätte die Stadt den Bezirk sehr attraktiv gestalten können. Stattdessen wurde er zum Totsanieren freigegeben. Die Straßen sehen aus, wie mit Photoshop bearbeitet. Jeder, der nach Berlin kommen und keine Überraschung erleben will, ist hier richtig. Hoffentlich ist es genau das, was Prenzlauer Berg das Genick brechen wird. Die erste Darm-OP war die totale Gleichschaltung des sozialen Milieus auf reich. Reich ist gut, weil reich zieht reich nach sich. Reich bedeutet aber auch öde. Prenzlauer Berg ist vom angesagtesten Bezirk der Nachwendezeit zu einem schwarzen Loch des Interesses mitten in Berlin verkommen. Sollten die Touristenmassen das jemals mitbekommen, könnte der Prenzlauer Berg wieder eine Vorreiterrolle spielen. Nach den Aufwertungstsunamis, die in der Innenstadt inzwischen nur noch den Wedding übrig lassen, wäre hier ein Experimentierfeld für das Leben nach dem sozialen Gau.

Aber die Chancen dafür stehen schlecht. Erfahrung lehrt: Gerade als der Kurfürstendamm auf dem absteigenden Ast war, regenerierte sich die Kauflust und ließ ein Hochhaus springen. Die Wellenmetapher für die Gentrifizierung ist immer falsch, denn sie zieht nicht einfach weiter und hinterlässt ein Tal. Sie zerstört. Einmal gentrifiziert, bleibt die Gegend öde wie

ein Werbeprospekt. Im Falle Pbergs wird wohl ausgeharrt werden, bis ein Rentnerghetto entsteht. Das wäre dann die letzte Daseinsstufe nach dem jetzigen Elterndasein. Das begann mit den neuen Berlinern der Nachwendezeit. Erst spritzig, gärten sie schnell, wurden bewegungslos und spießig. Weil nichts Besseres zu tun war und weil man so super-gleichberechtigt Arbeit und Familie vereinen kann, oder vielleicht doch einfach, weil man das so macht, wurde geworfen. Viele viel zu kultivierte Kinder bevölkerten bald den Bezirk und sabberten den Lebensraum für die Menschen voll, die nicht in einem mentalen Ballparadies leben wollten.

Den unappetitlichen Rest wollen sich nur noch Touristen ansehen. Sie und Traveller in die gleiche Kloake zu schmeißen, wäre aber ungerecht. Touristen sind Kühen ähnlich. Strunzdumm wollen sie durch die Welt gekarrt werden, eine angenehme Zeit haben, die nicht wehtut, und immer einen Rückzugsort, in dem alles ist wie zu Hause. Kuhsexisten aufgepasst: Es ist anerkannt, dass Kühe Lieblingsfreundinnnen haben können und sozial auch sonst auf der Höhe sind. Trotzdem sind es ansonsten idiotische Scheißviecher, denen der Mensch das Hirn weggezüchtet hat. Diese Arschlöcher bescheren uns Starbucks, McDonald's und Hostelblöcke. Wie Kühe schmecken auch sie gut, wenn man sie in eine dunkle Ecke zerrt, ausraubt und frisst. Traveller sind eher Füchsen ähnlich oder Vögeln oder was auch immer weit genug weg von der Stumpfheit einer Kuh ist.

Traveller wollen etwas Neues erleben und brauchen nicht immer den totalen Uteruskomfort. Alter oder Herkunft sind egal. Das sind die Typen, die mal vor einem Elefanten wegrennen mussten, weil sie sich ihm unbedingt auf einen Meter nähern mussten. Die zu Hause Gebliebenen hassen sie und glauben, dass ihr langweiliges Scheißleben besser ist, weil sie wissen, dass sie noch sechzig Scheißjahre vor sich haben.

Travaller gibt es in Pberg wenige. Wenn, dann noch am ehesten am Hostelstrich an der Greifswalder Straße. Der sieht zwar auch aus wie so ziemlich jedes abgeschliffene Prospektcover, aber immerhin sind die Menschen dort oft und sehr betrunken. Berlin kann nichts Besseres passieren als Horden besoffener Jugendlicher, die dem Konservierungsreflex des Berliners entgegenwirken. Und sie verhindern genau das, was in ihren *Hometowns* schon passiert ist: Totale Verödung durch Ausverkauf. London, Paris und New York sind sterbenslangweilig geworden, weil sich ein gewaltiger Reise- und Kunstmarkt auf alles stürzt, was im Ansatz eigen aussieht, es an sich reißt und teurer verkauft. Neben dem Disneyland im Zentrum bleiben dann nur noch deprimierende Vorstädte übrig, in denen man sich erschießen kann.

Prenzlauer Bergs Disneyland heißt Kollwitzplatz. Die Spitze der Gentrifizierung und der feuchte Traum eines jeden FDPlers. Alles glänzt, ist edel, und die Kinderwagen sind mehr wert als die meisten Autos in Neukölln. Autos gibt es aber auch genug (zum Anzünden). Der Parkraum wurde durch Parkuhren wegkapitalisiert, wer es nicht hat, soll hier auch nicht halten. Wieso auch, es gibt hier nichts, was man tun könnte, außer auf hohem Niveau zu protzen. Bei Erdbeer-Tarte und Violinenmusik im Café wichsen sich die Eltern des Schreckens ihre Überlegenheit gegenseitig ins Gesicht. In weniger konzentrierter Form passiert das überall im Bezirk.

Das letzte bisschen Kultur in der *Kulturbrauerei* und in ein, zwei Cafés in der Danziger Straße ist inzwischen ausgetrocknet. Mit dem *Icon* zog der letzte Club außerhalb der *Kulturbrau-*

erei weg, selbst der ultramainstreamige *Magnet* ist schon früher nach Kreuzberg gezogen. Das *Knaack*, ein Haus, das seit den Fünfzigern zumindest ansatzweise kreative Freizeitgestaltung bot, wurde aus Lärmgründen geschlossen. Nicht, dass es zu laut gewesen wäre, bevor ihm ein Luxuswohnblock vor die Nase gekotzt wurde. Danach aber. Hier wird nicht gefeiert, hier ist man reich und hält die Fresse. Das *White Trash* hält sich verzweifelt nahe dem Rosa-Luxemburg-Platz. Es ist aber auch nicht mehr als eine Schweinetränke für dichte Rockteenies.

Immerhin, wie beim Bazooka-Zirkus im Las Vegas der siebziger Jahre werden Besoffene gern gesehen und noch in den frühen Morgenstunden eingewunken. Eine kleine Pause vom Darstellungswahn ist also noch zu haben. Aber generell ist der Prenzlauer Berg die falsche Adresse dafür. Alle, die dazugehören wollen, sollten sich beim Verband kritischer Hipster melden.

Zwischen Wedding und Prenzlauer Berg puffert der Mauerpark. Der Menschenmüll aus dem ehemaligen Westghetto wäre den Pädagogeneltern auf der anderen Seite auch wirklich nicht zuzumuten.

An der Bernauer Straße gibt es kleine Abschnitte, wo beide Bezirke aufeinandertreffen. Selten kann man in der Stadt noch so gut den Unterschied zwischen Ost und West sehen: Der Westen ist um einiges hässlicher. Aber da geht man ja eh nicht hin. Falls Tabea-Salome also von Machmut auf die Fresse kriegt, dann wohl im Mauerpark. Bedrohlich wie die Schlange liegen auf der Weddinger Seite die Neubauverbrechen und verschandeln die Aussicht der für Millionen Euro ausgebauten Dächer auf der Prenzlauer Berger Seite. Der Gleimtunnel verbindet beide Seiten. Ein superlustiger und auch sehr kluger Künstler hat ein sich mit dem Wind drehendes Rein-Raus-Schild angebracht. Obwohl er wohl Verständigungsquatsch thematisieren wollte, drängt sich eher der Gedanke an ficken und gefickt werden auf. Denn größer könnte der Kontrast zwischen Familienparadies und Abschiebewohnen nicht sein. Um dem Tunnel allerdings gerecht zu werden: Der ist hübsch verfallen. An den in der Mauerzeit konservierten alten Stützträgern, an schummerigem Licht und Rostwassergetropfe kann man sich erfreuen. Ein prima Ort für jugendliche Goths, sich die Pulsadern aufzuschneiden, vor allem weil öfter mal jemand vorbeikommt und einen dabei bewundern kann.

Wer noch poetischer veranlagt ist, kann sich im Birkenhain im hinteren Mauerpark dem Vollmond widmen, also sich tierisch besaufen. Da hat man wenigstens seine Ruhe vor dem Trubel der Hauptwiese. Auch dort nerven Kinder und haufenweise Touris und Sportfetischisten. Nein, ihr werdet nicht länger leben, wenn ihr täglich fünf Kilometer rennt, ihr sterbt an Stress. Und habt euer halbes Leben dann mit Rennen vergeudet.

Am gefälschten Amphitheater kann man Hippies beobachten, die sich zum Affen machen, oder Möchtegernindiesternchen, bevor sie unbeachtet verglühen. Am schlimmsten werden die Darbietungen beim allwöchentlichen Karaoke, da sucht Prenzlauer Berg den Superstar und findet ihn nicht.

WILMERSDORF

Ah, Wilmersdorf. Was machst du eigentlich in dieser Stadt? Du versuchst, sie zu vergessen. Wilmersdorf ist die unscheinbare Ehefrau in der Küche eines Haushalts in den sechziger Jahren. Sie kommt nur kurz rein, um das Essen zu servieren, hat eine geblümte Schürze an und verdrängt die Tatsache, dass der Ehemann lieber die Tochter als sie bearbeitet.

In Wilmersdorf ist der Anschein der heilen Welt auf jeden Fall untrüglich. Mitten im ehemaligen Westberlin gelegen, mummelte sich Wilmersdorf dort ein. Weit weg von Mauer, Studentenpack und vom Schuss passierte das Gleiche wie heute auch: nichts. Absolut gar nichts. Sozialer Autismus. Es gibt eine Autobahn, die kann man entlangfahren, dann sieht man das. Um die bestmögliche Verkehrsanbindung zu schaffen, wurde sie erbarmungslos durch die Stadt gefräst, über Plätze, durch Parks und Hinterhöfe. Den wenigen traurigen, unsanierten Häusern Wilmersdorfs kann man so ins Schlafzimmer sehen. Die Bewohner müssen sich in den Sechzigern um die Zimmer gerissen haben: Exklusiver Ausblick auf Fortschritt. Fünf Minuten Wilmersdorf, das reicht für einen Monat. Wie können Menschen hier ihr Leben verbringen? Es gibt Parks, Häuser, Straßen, alles funktioniert, aber nichts bleibt in Erinnerung. Wenn man nicht manisch nach etwas Interessantem sucht, bleibt Wilmersdorf eine einzige Amnesie. Klar, man kann irgendwas finden. Man kann auch seine Zukunft aus Scheiße lesen. Vielleicht sollte man es aber besser lassen.

Wilmersdorf, das ist was für Leute, die in einer Kleinstadt leben wollen. Am besten in Süddeutschland oder dort, wo man Religion oder Tradition hinnimmt, ohne zu hinterfragen. Denn dann ist Ruhe. Und das will der Wilmersdorfer. Wilmersdorf ist sicher für Kinder gut. So bis zum zehnten Lebensjahr. Danach folgt unweigerlich der geistige und soziale Verfall.

Das war nicht immer so. Es gibt Spuren einer unappetitlichen Vergangenheit an der Güntzelstraße hin zu Schöneberg, dem *evil neighbor* Wilmersdorfs. Obwohl der gleich hinter der Bezirksgrenze liegende Bayerische Platz eine Hochburg gesetzter Bürgerlichkeit ist und schon seit fünfzehn Jahren die letzten Alkis outgesourced sind, riecht es in dieser Richtung für den Wilmersdorfer immer noch nach Elend. Er munkelt: Weit hinter den Lehrerhippies sollen Barbaren aus Vorderasien wohnen ... Aber noch etwas fällt auf: An den Straßenlaternen hängen lustige Schilder mit naiven Bildchen. Das Ganze sieht aus wie Memory, schön harmlos und nett. Da stehen Sachen wie: »Nun ist es soweit, morgen muss ich fort u. das trifft mich natürlich schwer; (...) Ich werde dir schreiben. 16. 1. 1942« Wird er nicht. Denn er ist im Konzentrationslager gestorben. Es gibt kein zweites Teil vom Memory. Der Stadtteil war vor dem Zweiten Weltkrieg bei Juden beliebt, jetzt erinnern nur noch die Schilder daran. Eine schöne und ungefährliche Geste in einem Bezirk, der ansonsten in Selbstgerechtigkeit versinkt.

Das Spannendste, was Wilmersdorf heute zu bieten hat, ist der Minderwertigkeitskomplex gegenüber Charlottenburg. Letzteres ist schicker, weltmännischer und steht immer in der Sonne. In Wilmersdorf gibt es dafür viele Ärzte, Notare und alles, was sterbenslangweilig ist.

Schmargendorf, ein Wilmersdorf in Wilmersdorf, ist noch statischer, noch ereignisloser und noch deprimierender als der Rest. Wie ein Ufo liegt die Israelische Botschaft da mittendrin und verströmt Unsicherheit. Viele echte Männer mit Waffen starren da grimmig in die Gegend. Das Maximum an Urbanität, das Wilmersdorf zu bieten hat. Wer wirklich dahin will, kann sich zu Eis-Henning an die Bundesallee setzen. Da hat man wenigstens die Aussicht auf einen Nazibunker, der sich geweigert hat, weggesprengt zu werden. Selbst in seinem

Faschistenfunktionalismus sieht der noch besser aus als die Siebziger-Jahre-Westberlinpampe drumherum.

Passend dazu liegt unweit der Fehrbelliner Platz, da hängen die Reichsadler noch. Stört niemanden in Wilmersdorf, so ist man hier halt. Gleich um die Ecke kriecht die U7 an der Berliner Straße vorbei, dem wohl am unpassendsten benannten Bahnhof der Stadt bis auf Buch. Wilmersdorf zeigt sich da von einer Neubautristesse, bei der selbst der Gelsenkirchener Innenstadt schlecht werden würde. Erstaunlicherweise füllt sich der U-Bahnhof und die Umgebung am frühen Nachmittag mit Heerscharen Verhaltensauffälliger.

Einen hasserfüllten Steinwurf entfernt befinden sich nicht näher benannt werden wollende Haupt-, Real- Baum- und Ausschussschulen zur sozialen Isolierung des Prekariats in spe. An sich nichts Besonderes in einer Stadt, die auf Potenzial scheißt, selbst wenn es vorhanden wäre. Aber hier in Wilmersdorf reißt jeden Nachmittag die Kluft zwischen dem satt reichen Stammpublikum und den Restschülern auf. Sie sind zwar blöde, aber nicht so sehr, dass sie nicht merken, dass sie verachtet werden. Diffus, wie der sich dem Reh nähernde Lichtkegel des Personenkraftfahrzeugs, blinkt die Gefahr in ihrem Hirn auf. Sie wehren sich so gut man sich gegen eine Gefahr wehren kann, die man nicht versteht, und richten ihre Aggression gegen Unbeteiligte. Ohne wie in Wedding oder Neukölln befürchten zu müssen, dass sie der Silberrückengorilla der Straße anmacht, spielen sie Kiezpony. Sie kreischen, grölen und stellen ihre unfertigen und von Modetrash hervorgehobenen Reize hervor. Da das natürlich keinen interessiert, stellen sie sich an den belebtesten Stellen in den Weg und rotzen, was das Zeug hält. Denn das machen harte Typen so. Ironischerweise ist das die gerechte Strafe für die Wilmersdorfer. Sie können ihre Kinder auch noch so weit weg auf einem katholischen Internat von Priestern den Intensivwaschgang angedeihen lassen, aber das Produkt einer zerrissenen Gesellschaft verfolgt sie bis an die Haustür.

Wem das zu viel ist, der verzieht sich an den Ku'damm. Um den Adenauerplatz hat Wilmersdorf tatsächlich ein kleines Stück davon. Als wäre es eine Agenda gewesen, ist eben dieser Platz so geschmacklos und öde wie möglich. Hier kann man sich kaum vorstellen, dass sich nur wenige Kilometer weiter eine Edelboutique an die andere reiht. Manchmal verirren sich Touristen hierher und sehen schön enttäuscht aus. Nur Japaner bringen es fertig, an diesem Punkt noch Fotos zu machen. Vielleicht wollen Sie sich über Fokushima hinwegtrösten, indem sie zu Hause zeigen, dass es keiner nuklearen Katastrophe bedarf, um eine lebensunwerte Umwelt zu erschaffen.

Passend zum drögen Ambiente sucht der Wilmersdorfer sein Vergnügen dann auch in Restaurantketten wie dem Block House. Hier wird möglichst viel Fleisch möglichst blutig möglichst standardisiert serviert. Das kostet zwar mehr als in anderen Gegenden ein Essen, bei dem sich ein richtiger Koch Mühe gegeben hat, nicht zu viele Körperhaare im Topf zu verlieren, aber das kümmert in Wilmersdorf nicht. Die Kunst ist, sich dort zu Hause zu fühlen, wo die Kette zu Hause ist: das McDonald's Prinzip. Man muss es mögen, immer das Gleiche zu bekommen, die grundlegende menschliche Neugier auszuschalten, ein Leben auf Autopilot zu führen. Wem das gelingt, der ist in Wilmersdorf ganz gut aufgehoben.

Eins noch: Wilmersdorf hat sein eigenes Monster. Wie jeder Zwangscharakter muss auch Wilmersdorf sein überzogen Normales ausgleichen. Das Monster ist ebenso riesig wie schwer zu sehen, es spielt besonders mit den Autofahrern Verstecken. Und anders sehen die meisten Wilmersdorf nie. Man fragt sich manchmal, ob in West und Ost die Funktionselite aus Politik und Wirtschaft die Stadt mit Monumentalbauten verschandelte, weil sie allen Ernstes dachte, das wäre die neue Welt und alle würden riesig gern in Schuhkartons leben und peace und so, oder ob sie einfach gierig und missgünstig waren. Wilmersdorfs Monster spricht für Letzteres. Es wohnt in der Schlangenbader Straße und wird folglich vom abartig kreativen Berliner »Schlange« genannt. Man sieht es nicht, weil es auf der Autobahn sitzt. Über sechshundert Meter wirft es seinen Schatten auf die Fahrbahn, ein Koloss für tausende Menschen. Gefeiert vor allem von seinen Erbauern, schaffte man es durch die *Schlange*, die soziale und die umwelttechnische Misere auf einen Nenner und aus dem Blickfeld der Gutsituierten zu bringen. Die Sozialfälle, die dahin abgeschoben wurden, sollten sich mal bloß nicht beklagen, immerhin vibriert ihr Bett immer schön. Sonst müssten die für so was zahlen, und der Berliner weiß, Hartzer bringen ihr Geld im Puff und beim Späti durch. Wenn er nicht gerade selber hartzt, dann sind gern die Ausländer schuld. Das Elend war so augenscheinlich, dass selbst Richard von Weizsäcker, seines Zeichens Spross aus der höheren Gesellschaft und zu Besserem geboren, feststellte: »Wenn der Teufel dieser Stadt etwas Böses antun will, lässt er noch einmal so etwas wie die ›Schlange‹ bauen.«

Klasse, dass man die Misere, die Berlin darstellt, auf unbeeinflussbare Faktoren wie den Teufel reduziert. Noch besser, dass der Mann Bürgermeister und sogar Bundespräsident werden konnte. Hat die Wilmersdorfer sicher gefreut.

CHARLOTTENBURG

Charlottenburg ist das, was Wilmersdorf gerne geworden wäre. Leider ist es auf halbem Weg steckengeblieben. Charlottenburg strotzt vor Arroganz. Zusammen reicht es immerhin noch für ein Netto-Einkommen von 2600€ und mehr für jeden der 53000 Privathaushalte, was für Berlin eine atemberaubend hohe Summe ist.

Das ehemalige Zentrum Westberlins ist auch heute noch satt reich. Hier muss kein Understatement vorgegaukelt werden, der Charlottenburger fährt auch schon mal mit dem gelben Ferrari am Savingyplatz vor. So was muss es auch geben, und wo, wenn nicht hier. Es gibt den Kurfürstendamm zum Hin- und Herfahren, so dass einen möglichst viele sehen. Nicht ganz so verrentnert wie Wilmersdorf, ist das Durchschnittsalter im Bezirk wie alles andere obere Mittelklasse. Dementsprechend auch die Fummel in den Boutiquen des Kurfürstendamms. Abgesehen davon, dass sie unerträglich protzig, also zum Stadtbild passend sind. Mit der Gegend um den Zoo muss man – bis auf den Zoo selbst und das wunderbare Aquarium – wirklich so hart sein. Der Rest des Bezirks ist erträglicher. Am Zoo heißt es, zeigen, zeigen, zeigen, was man vorgibt zu haben. Prolls aus ganz Berlin fahren gerne hier hin. Ganz Neukölln versammelt sich Samstagabends am *Q-Dorf*, dem amtlichen Ich-will-Party-machen-wie-in-Hip-Hop-Videos-Miami-Disco. Erschreckend verunstaltete Gangsterchen irren dann bis nach Bellevue umher, weil sie zu blöde sind, den Eingang zu finden. Ist auch ziemlich anstrengend, immer hart zu sein.

Der Kaufrausch, in dem sich tagsüber die menschenähnlichen Gestalten kannibalisieren, hat dazu geführt, dass der

Ku'damm und der Breitscheidplatz über Dekaden verramscht und architektonisch vergewaltigt wurden. Keine leichte Aufgabe, wenn eine im Grunde genommen ästhetisch sehr ansprechende Kirchenruine, die Gedächtniskirche, in der Mitte steht. Die Kaufhausgefängnisse rundherum sind aus unerfindlichen Gründen denkmalgeschützt, so dass man sich besonders im Europa Center fühlen kann wie zu Christiane F.'s besten Zeiten. Das führte auch dazu, dass der Zoo zwangsläufig abranzte. Schon immer gerne von Dealern und Bettlern flaniert, siedelten sich Headshops, Ramschläden und sogar ein Teppichhändler im Boulevard mit den roten Säulen an. Das war zu viel für den ehrlichen Westberliner, kurzerhand wird jetzt ein neues Hochhaus gebaut und die Passage »entkernt« (sprich: zerstört). Das Hotel hat einen feinen Anschluss zum Nicht-mehr-Fernbahnhof Zoo und verkörpert so wunderbar, was die Westcity heute mehr als sonst ist: unnütz. Es ist nach der guten neuen Moderne gebaut, die man auch in Mitte und Tiergarten, London, Paris und Nowosibirsk bewundern kann: Rechteckig, praktisch, schlecht. Die Fenster werden nach oben immer kleiner, damit, hoho, es so aussieht, als hätte Berlin auch nur einen Wolkenkratzer von Rang. Im berühmten Bahnhof Zoo gastiert jetzt eine Spielothek, noch so ein Schandfleck im Gesicht der Schickeria. Den Bahnhof hat die Stadt nach Christiane F.'s Jugend gesäubert, mittlerweile driftet er wieder ab. Zu keiner Zeit aber war es unmöglich, einen minderjährigen Jungen in der Jebensstraße dahinter in den Arsch zu ficken. Besser ausleben kann man dieses Hobby im großen Sexshop an der Schöneberger Martin-Luther-Straße, der hier genannt werden möchte, diesen Gefallen aber nicht getan bekommt.

Kürzlich schloss das *Marmorhaus*, eines der letzten Programmkinos in der Gegend. Dafür hat noch ein McDonald's eröffnet und bereichert die anderen fünf sicher. Bleibt noch der *Zoopalast*, ein Kino, das gerade saniert wird. Vorher hatte er wenigstens noch einen rostigen Spätkapitalismuscharme. Brandlöcher im Teppich und vergilbte Lampen erzählten vom

Spaß in der Tristesse. Für die Vorstadtjugend, die sich ein bisschen verrucht fühlen will, gibt es am Breitscheidplatz noch *Marie Johanna*, einen Kifferladen, der nichts verkauft, was man nicht auch an x-beliebigen Spätis in der Stadt finden würde: Bongs, Tütchen, Messer. Aber hier ist das Licht viel optischer, alta. Mit ein bisschen Fantasie kann man sich vorstellen, wie scheiße es hier zeitweilig in den Neunzigern aussah, als Drogis ihre Schätze in den Beeten vergruben.

Für ein kleines Revival sorgen die Sinti und Roma, oder wie der Berliner sagt, (dreckigen Scheiß-) Zigeuner. Meist kleine Mädchen, die einen mit einer Hartnäckigkeit um Kleingeld anschnorren, die jeder Arbeitgeber begrüßen würde. Das tun ihre denn auch, denn fast alles, was sie bekommen, wandert in die Hände von schmierigen Arschlöchern, die man in Neuköllner Cafés bewundern kann. Sie schmeißen sich in der Okerstraße schon mal gegenseitig aus dem Fenster, sitzen ansonsten aber mit ihren goldbestickten Händen an den Straßen und fühlen sich riesig. Vielleicht bekommen die Mädels nicht so viel in die Fresse, wenn sie ein paar Euro anschleppen. Wenn man also unbedingt ein gutes Gewissen kaufen will, kann man sich das einreden. Das wäre dann immer noch der sinnvollste Einkauf, den man auf dem Ku'damm machen könnte.

Fährt man den runter, wird er immer deprimierender. Der Schein kann kaum mehr das Elend verstecken, und am unteren Ende versinkt er förmlich in der Mittelmäßigkeit. Ausgenommen ist die *Schaubühne*. Die sorgt für Aufheiterung, wenn ihre Schauspieler mal wieder mitten im Stück mit der Kamera auf die Straße rennen und Wichser in Vergewaltiger-SUVs beschimpfen.

Um den Ku'damm wohnen die Strohwitwen. Das sind alte Damen, die ähnlich furchtbar wie schwarze Witwen aussehen, aber zum Glück nur selten beißen. Sie tragen eine Maske aus Schminke, die ihr Gesicht grotesk verzerrt, und einen Panzer aus Fell, Satin und Kettenschmuck. So rollen sie durch die Gegend, denn sie sind meistens fett für drei. Der Passant ist gewarnt, denn man riecht sie für zehn. Die schwarze Witwe ist die Speerspitze einer alten Berliner Gesellschaft der Wohlhabenden. Hier wählt man CDU, ist für härtere Strafen bei so ziemlich allem, hat ja nichts gegen Ausländer, ABER ... und steigt nicht mal im Traum in Neukölln aus.

So widerlich das alles ist, wenigstens bleiben diese Leute unter sich. Es ist eine inzestuöse Gesellschaft von Arschlöchern, die so kleingeistig ist, es nur im eigenen Kiez nötig zu haben, sich etwas zu beweisen. Insofern sind sie angenehmer

als der Mitte-Yuppie.

Es gibt noch andere Ecken in Charlottenburg. Neu-Westend zum Beispiel. Das ist genauso reich, aber im Einfamilienhausdesign. Da wollen Tempelhofer hin. Der Kiez um das Schloss Charlottenburg ist etwas uriger und hat um die Danckelmannstraße in Ansätzen sogar ein studentisches Flair. Wenn man unbedingt in Charlottenburg wohnen müsste, Gott behüte, dann wäre das eines der kleineren Übel. Zum blanken Horror des etwas auf sich haltenden Charlottenburgers gibt es aber auch noch den Stuttgarter Platz und das Viertel um den Mierendorffplatz. Letzteres fühlt sich schon fast an wie Moabit. Unsexy siebziger-Westplatten, zu wenig Arbeit, zu viel Nichts. Durch die Straßenschluchten weht schon ein Hauch von Spandau, aka Ende der Welt. Aber das kann man ignorieren. Schlimmer noch für die einheimische Klientel ist der Stutti. Er ist am S-Bahnhof Charlottenburg gelegen und unweit des Charlottenburginternen Schwulenviertels. Böse Charlottenburger Zungen mögen von Zusammenhängen tuscheln. Was ihn so grauenhaft macht, sind eine Handvoll Nacktbars. Zum Teil nur ansehen, zum Teil mehr. Nicht mit hochgerüsteten Cyborgnutten wie an der Oranienburger Straße in Mitte und dezenten Bordellen hinter modernen Fassaden, sondern richtig traditionell Altberlin. Das bedeutet: ranzig, dreckig, ein wenig familiär. Alles Adjektive, die potenzielle Kunden wohl lieber weit weg von dem harten Fakt ineinandersaftender Genitalien sähen. Trotzdem finden sich Kunden, und die Bars können sich weiterhin Anpreiser leisten, die Passanten ein joviales »Willste mal 'ne Runde?« hinterherwerfen. Alles in allem bei weitem der angenehmste Teil Charlottenburgs für nach Charlottenburg Zwangsumgesiedelte.

Was den Charlottenburger nervt: Das bei Bauarbeitern beliebte Ausrotzen mit einem zugehaltenem Nasenloch hat seinen Namen. Nicht gerade elegant.

WEDDING-COWBOYS

Wedding ist der letzte Dreck. Ein Hort für Menschenmüll. Es stinkt, und man kann sich in feuchten Hinterhöfen gut vorstellen, wie grauenhaft das Leben im Berlin zur Zeit der Industrialisierung war.

Aber »der« Wedding ist auch das Andere, das, wogegen sich Berlin definieren kann. Studenten ziehen allen Ernstes dahin. Nicht nur, weil sie als Teilzeithipster zwanghaft anders sein wollen, sondern weil es auch langsam, aber sicher in coolen Kreisen akzeptabel ist.

An der harten Realität des Weddings ändert das nichts, abgesehen von ein paar mehr Euro für die Kids, die sie abziehen. Die Berliner Statistik weiß: Hier herrscht eine Arbeitslosigkeit (Jahresdurchschnitt 2010) von 15,7 %. Da Wedding jetzt mit Mitte zusammengelegt ist, kann der Senat das hübsch kaschieren.

Immer wieder entdecken Schwachmaten die »wahre Berliner Seele« im Wedding und können dieser oder jeder vollgepissten Ecke was abgewinnen. Alles Scheiße. Frag mal den Junkie am Leopoldplatz, was er von den paar neuen Bars mit Edelsteinnamen und Retroambiente hält. Ob er sich da reinsetzen oder sich lieber ein Opiumzäpfchen reinschieben würde. Am Leo hat man neben der *prime* Heroin-Auswahl auch die Chance, Restmensch hochfrequentiert zu Gesicht zu bekommen. Gern schreit die Verrückte jeden an, der es hören oder nicht hören will. Dominanter sind aber die Alkis auf dem Platz vom Typ Wedding-Cowboy.

Ein Wedding-Cowboy trägt eine Leder- oder Jeansweste, gerne auch eine Lederhose, ist aber so was von nicht schwul, dass sich selbst Rambo wie eine Sissi fühlen muss. Der Schnauzbart darf nicht fehlen, und die Haarpracht auf dem Schrumpfhaupt muss lang sein und irgendetwas Groteskes anstellen. Vorzugsweise ist es gleich ein Vokuhila: Vorne-kurz-hinten-lang. Hinten Arbeit, vorne Party. Jetzt beginnt dein Leben.

Als Extras sind diverse Werkzeuge in den unzähligen Taschen gern gesehen, dicke Ledergeschwüre fürs steinzeitliche Handy am Gürtel vollenden die Allzeit-bereit-Mentalität. Der Wedding-Cowboy sieht ein wenig aus wie ein verkitschter Rocker, hat aber in den seltensten Fällen ein Motorrad. Wieso? Weil der Wedding-Cowboy allzeit bereit ist, absolut gar nichts zu tun. Außer zu saufen. Wer sich gefragt hat, was diese zahlreichen aus der Zeit gefallenen Sp(i)elunken in den Nebenstraßen, die ein typisch West-Berliner Getränk, den Futschi für einen Euro anbieten, noch am Leben hält, es sind die Wedding-Cowboys und ihr Alkoholismus. Futschi leitet sich übrigens von kaputt ab, kein Zufall. Das und nichts weiter sind sie, Alkoholiker in Drag. Das obligatorische Flaschenbier ist bei ihnen nie weit weg. Manchmal auch ein leeres, denn der Wedding-Cowboy ist seines Zeichens arbeitslos, Saufen ist ein Vollzeitjob. Es verkleinert auch die Hirnmasse im Endstadium, die bei den Cowboys als Eintrittsschwelle gelten kann, daher die Schrumpfköpfe. Es ist aber nicht die Droge Alkohol, die diese Menschen so gebeutelt hat, sondern das soziale Bungee-Jumping. Die Cowboys sind Männer in ihren besten Jahren, die von der Gesellschaft nicht mehr gebraucht werden und für die sich niemand, aber auch gar niemand auch nur einen feuchten Dreck interessiert. Da sie kein Geld haben, sind sie nicht mal mehr Teil des Grundkonsens des gegenseitigen übers Ohr Hauens. Einen Kredit aufzunehmen und sich zu verschulden ist deswegen für den Cowboy keine schlechte Idee, dann interessiert sich immerhin der Gläubiger für ihn. Aber dafür hat er zu viel kleinliche Angst. Lieber am Bier festhalten. Was dem Cowboy aus allen Poren trieft, ist der Wille, auf alles vorbereitet zu sein, Werkzeug hat er dabei. Aber es kommt einfach nichts. Aus der Erwartung fällt er tief und baumelt dann – ein Sack aufgeweichte Organe. Jeden Tag wartet nur ein neues Bier auf ihn. Der Cowboy ist ein Berliner Arschloch, aus dem jegliche Motivation und Fähigkeit zu denken rausgezüchtet wurde. Aber auch die Cowboys sterben aus, sie singen noch ein paar Jahre Schlagerlieder in ihren Kneipen, dann werden sie vollends durch Prolls verdrängt.

Der Wedding hat noch mehr zu bieten. Abstufungen von Elend zum Beispiel. Die Müllerstraße teilt den grünen und den roten Wedding. Westlich (für den Berliner »links«) liegt der grüne Wedding. Grün, so der Berliner, das kommt von den Bäumen. Weil die grün sind mit die Blätter. Das gibt dem westlichen Teil vom Wedding ein wenig Gesicht. Ein Kanal fließt auch durch, es gibt eine Fachhochschule, und so fühlt es sich manchmal an wie etwas anderes, das aber immer noch scheiße ist. Der altehrwürdige *Deichgraf* am Kanal bietet für den durchschnittlichen Wedding unerschwingliche Speisen an, und in der Torfstraße finden wilde Jamsessions statt. Verirrte Studenten tummeln sich und sind voll alternativ.

Spätestens am Leopoldplatz ist damit Schluss. Hier beginnt ein steiles Elendsgefälle, um nicht zu sagen, eine Wand. Nein, es wird wirklich noch schlechter. Sind der Leopoldplatz und die angrenzenden Straßen das Quartier für Cowboys, Junkies und die übliche deprimierende Mischung aus Einwanderern, vergessenen Altberlinern und Freaks (nicht zu kreativ), so wird es nach Osten richtig brenzlig. Der rote Wedding hat seinen Namen von der früheren kommunistischen Einwohnerschaft. Kommunismus blüht da, wo Menschen wie Tiere leben müssen. Das war und ist in diesem Teil Berlins noch immer der Fall. Gut, es wird weniger auf die Straße gekackt und es schlafen auch nicht immer zehn Leute in einem Zimmer, aber es reicht, um den Ost-Wedding zu einem sozialen Dauertiefdruckgebiet der Stadt zu machen. Hier residieren die Roma und die sich für solche ausgeben und die Touristen rechtschaffen am Zoo und im Prenzlauer Berg abziehen. Manche von ihnen sind die effektivste Antigentrifizierungsmaßname der Stadt. Seit der EU-Erweiterung kommen sie vorbei, gründen ein »Unternehmen« und bekommen dann ein paar Euro vom Staat. Lächerlich wenig, aber gegen das Halbverhungern inmitten von Hardcore-Rassismus in ihren Heimatländern ist es königlich. Da wohnen dann auch mal zwanzig Leute in einer Einzimmerwohnung, wenn die Vermieter richtig Geld machen wollen. Denn der Wohnungsmarkt wird sogar im Wedding nicht nur nach Geld geordnet, sondern nach rassistischen Kriterien. Und ein Roma aus Rumänien kann auch Millionär sein, er wird niemals auch nur eine schäbige Einzimmerwohnung im hintersten Wedding bekommen – zumindest nicht zu einem normalen Preis. Darum verdient der Vermieter tausende Euro, während in den Hof gekackt wird. Zugegeben, sie wissen, wie man sich wehrt. Das Konzept Kohleofen geht für sie gar nicht, im Ranzwedding aber immer noch Standardausstattung, und so wird gerne mal einen Winter lang mit offenem Elektroherd geheizt. Die grobe Experimentierfreudigkeit mancher Neuankömmlinge im fein abgestimmten Kapitalismus lässt seine Unmenschlichkeit oft schön zu Tage treten.

Gerade da, wo man selbst in Berlin noch einen letzten Rest Wohlwollen vermutet, wohnt das Elend: in Altkleidercontainern. Hier kann der Berliner gutes Gewissen gegen alte Kleidung tauschen. Nicht, dass die an arme Kinder in Afrika gehen würde. Sie landet im Second Hand Laden um die Ecke und wird den Idioten, die ihre alte Kleidung weggeschmissen haben, wieder verkauft. Fresst eure eigene Scheiße. Das wollen die pfiffigen rumänischen neuen Weddinger aber nicht, und so haben sie eine clevere Lösung gefunden. Im Bellermannkiez, so ziemlich dem Endpunkt von allem, schmissen sie einfach ihre Kinder in die Sammeltonnen, auf dass die ihnen dann Reichtum in Form von Altkleidern zukommen lassen sollten. Nun ist es so, dass die Dinger extra so gemacht sind, dass nichts wieder rauskommt, also auch keine Kinder. Besonders keine Kinder.

Auf praktische Erkenntnis folgte kreischende Panik und die Feuerwehr, die den Container wie eine Dose Thunfisch öffnen musste. So ist das im Wedding, Theater gibt's auf der Straße. Im tristen Hannover ist auch mal einer in einen Kleidercontainer geklettert. Da die Bürger dort aber mehr Anstand haben, ist er still und heimlich drin erstickt. Ein guter Deutscher.

Dass die Gegend so hoffnungslos ist, hat historische Gründe: Wie eine Halbinsel hing dieser Teil in Ostberlin rein, gegenüber von Kreuzberg und weit weg von allem. Hier wollte niemand wohnen. Also eignete sich dieser Wurmfortsatz perfekt für Einwanderer, die man nicht integrieren wollte, weil: Wo kämen wir denn da hin? Viele herrschaftliche Altbauen wurden abgerissen und brechreizerregende Neubauten hingeklotzt. Das Brunnenviertel ist ein gutes Beispiel für eine durchgehend gescheiterte Stadtplanung.

Der Fachterminus für den Ostwedding ist »lebendig«, der Berliner sagt ehrlicher »zum Erschießen«. Auf der Badstraße kann man für wenig Geld Müll kaufen und Prolls zusehen, wie sie ihre schwarzen BMWs Gassi fahren. Passanten haben gute Chancen, von Kindern umgerannt zu werden, denn hier gibt es sie noch. Hier, wo sie am wenigsten gebraucht werden und unterfinanzierte Schulen verstopfen, so dass die NPD sich mit Parolen von Schultrennung zwischen Deutschen und »Ausländern« selber stimuliert. Gar nicht weit weg vom CDU-Konzept der Eliteschulen, aber das sagt man nicht. Es ist der Politik wichtig, indirekt zu vermitteln, dass, wer im Dreck, also im Wedding, sitzt, selbst schuld daran ist. Sogar zu den Weddingern dringt diese Botschaft unterbewusst durch. Frustriert ziehen nachts noch immer gute alte Gangs, die in Kreuzberg und Neukölln inzwischen Seltenheitswert haben, durch die Straßen. Hier kann der Besucher noch wirklich abgestochen werden, *how exciting!*

Grade weil es im Wedding noch immer Dreck satt gibt, haben sich aber auch besonders im Roten Wedding verschämte Bars und Clubs angesiedelt. Die haben den Vorteil, dass man dort ungezwungener Spaß haben kann, ein bisschen weiter weg vom Statusgewichse und der Fabrikclubabfertigung, zu der das dumpfe Massenpublikum den Markt zwingt. Auch Essen gehen kann man in arabischen Restaurants auf weichen Sofas gut, billig und reichhaltig. Wer kein Arabisch versteht, wird nicht einmal mehr vom Gequatsche gestört.

Der Wedding hat noch einen zweiten Vorteil: Er ist das letzte Refugium für Berliner mit wenig Geld, die zentral wohnen wollen. Selbst Investoren gruseln sich noch vor dem sozialen Sprengstoff in den Hinterhäusern. Der Wedding, das hässliche Schwein, ist nicht so leicht zu verkaufen wie Prenzlauer Berg oder Friedrichshain.

REINICKENDORF

Reinickendorf ist der Berliner Bezirk mit den billigsten Mieten. Sogar billiger als der Wedding. Kein Wunder, Reinickendorf ist mindestens genauso trostlos, aber nicht mal mehr zentral. Dazu donnern Flugzeuge über die Köpfe der armen Einwohner, bis Tegel demnächst friedlich einschläft. Wer glaubt, dann würde es bergauf gehen mit Reinickendorf, der irrt. Nichts geht hier bergauf, nichts wird hier besser. Wenig ändert sich, und wenn, dann wird es schlechter.

Der größte Bezirk Berlins besticht durch Langweile. Wer hier hinzieht, hat genug vom Leben. Oder er sitzt in Tegel im Knast. Jedenfalls hat er nicht mal mehr das Geld, nach Tempelhof zu ziehen, wo man wenigstens so tun kann, als hätte man was erreicht. Die Straßen sind geprägt von städtebaulicher Mittelmäßigkeit. Mittelhohe Altbauten bekommen Hörschäden von den von der Umweltzone befreiten Ausfallstraßen. Westberliner Neubauklötze säumen viele Ecken, an denen sich die Restauration eines Altbaus nicht mehr gelohnt hätte. Das, was man in den sechziger Jahren wegweisend fand, ist heute die trostlose Wirklichkeit des Reinickendorfers.

Wer ist dieser Reinickendorfer? Ein Niemand. Er ist so gesichtslos wie seine kleine Welt. Würde er von der Weltkarte fallen, also aus Berlin ausgegliedert werden, keinen würde es stören, niemand würde es bemerken.

Wo es schlechter wird in Reinickendorf, da ballern einem Platten die Sicht zu. Das Märkische Viertel, eine Trabantensiedlung, liegt da, wo selbst die U8, der Elendsexpress Berlins, nicht mehr hinfahren will. Geplant als der Weg in die Zukunft des modernen Menschen, ist es eine Sackgasse für Gescheiterte geworden. Am laufenden Band werden hier verwahrloste Kinder aus zugeschissenen Wohnungen geholt, stechen sich Teenager gegenseitig ab, und es werden Waffen oder Sprengstoff bei Vereinsamten gefunden. Im Märkischen Viertel kocht die stinkende Suppe des gesellschaftlichen Bodensatzes.

Fil wuchs hier auf, der Zeichner der einzigen zwei – natürlich fiktiven – Berliner Helden Didi und Stulle. Wie kein anderer versteht er es, die mentale Dysfunktion der Stadt kurz und bündig zusammenzufassen. Es muss eigentlich nicht extra erwähnt werden, dass Fil, sobald er konnte, dem »Märkischen« den Rücken kehrte. Es ist erstaunlich, dass nicht alle das Viertel fluchtartig verlassen. Der Berliner fabuliert in letzter Zeit wieder darüber, wie schön renoviert es jetzt dort sei, und dass es sich da aushalten lasse. Es spricht Bände, dass er das denkt. Er ist das Abfallprodukt einer jahrhundertelangen Domestizierung. Er arbeitet, vegetiert, verblödet und freut sich sogar, wenn ihm eine Wohnung in einer trostlosen Hochhaussiedlung vermietet wird, solange das Haus schön angestrichen ist. Weiter entfernt von rationalen Kriterien kann man sich kaum bewegen. Der Reinickendorfer ist die absolute Äußerlichkeit. Eine Hülle ohne Hirn.

Die besseren Menschen, jene, die ihre Geisteskraft in die einzig sinnvolle Messeinheit, in Geld, umwandeln konnten, leben weiter draußen in Frohnau. Frohnau war die Innerwestberliner Alternative zu Zehlendorf, dem Hort der gehobenen Gesellschaft. Aber nicht ganz so gut. Mit der Öffnung der Mauer verlor Frohnau seinen besonderen Status als Dorf mit von Wegen zersäbeltem Wald. Das frustriert die Frohnauer natürlich, aber als gute Demokraten wissen sie sich zu helfen. Kürzlich gründeten sie eine Initiative gegen den Austausch der alten Gaslampen in Straßenlaternen. Die neuen, weit weniger Energie verbrauchenden Modelle lehnten sie ab, da sie nicht das gewohnte gelbe Licht machen, das die typische vergilbte Frohnauer Atmosphäre erzeuge. Das ist Frohnaus Art »fuck the system« zu sagen. Fick die Umwelt für unseren Reflexkonservativismus. Der Reichere bestimmt, wo es langgeht, seine Wehwehchen sind wichtiger als die 30000 Kinder, die laut UN-Welthungerbericht täglich verrecken. Lasst verhungernde Negerkinder das unordentliche Herbstlaub von unseren Straßen fressen. Der Frohnauer hat sich von Berlin und der Welt abgewandt. Jeder kann ihn mal kreuzweise. Der Haufen Mensch, der in Frohnau vor sich hin verwest, ist eine widerliche Melange aus Ignoranz, Arroganz und Idiotie. Die Frohnauer wären besser in Bonnys Ranch aufgehoben.

So nennt der Berliner die Karl-Bonhoeffer-Nervenklinik in Reinickendorf. Hier landet, wer nicht verrückt genug ist, sich jeden Tag stundenlang für Knete abzurackern oder wirklich balla balla ist. Es wird überliefert, dass Putzkräfte in den Toiletten ihre Wischeimer im Auge behalten müssen. Kaum sieht der Putzende nicht hin, ist der halbe Eimer weggetrunken. Schmeckt auch nicht schlechter als bei einer der aufgeblähten Burgerketten, die der Berliner schätzt, bis der dumme Durchschnittskonsument herausfindet, dass der Scheiß gentechnisch verändert ist und nicht nur fett und hässlich, sondern auch impotent macht. Dazu muss er nur Internet können und »Food Inc.« eingeben.

Aber nicht genug mit Reinickendorf, es gibt noch den Franz-Neumann-Platz und Umgebung. Dieser ältere Teil des Bezirks liegt zu nahe am Wedding und hat sich mit sozialem Keuchhusten angesteckt. Die Mietverdrängung hat die völlig Fertigen aus dem Wedding geschubst, und so sieht sich der alteingesessene Reinickendorfer mit Weddinger Vollassis konfrontiert. Im unter den Achseln vergilbten Unterhemd an seinem Fensterbrett angewachsen, sieht er Schreckliches: Sie kacken auf die Straße, stechen sich und andere ab und sind schlimmstenfalls noch jung. Aber Reinickendorf ist groß genug, es bleibt ein trostloses Plätzchen für alle, wenn es sein muss, sogar im Viertel.

Wer wirklich nach Reinickendorf muss, der kann sich die Wildschweine im Tegeler Forst ansehen. Die schmatzen unverfroren vor sich hin und wirken dabei um einiges sympathischer als die Anwohner. Potenzial bietet der Flughafen Tegel, ein Orgasmus pervertierter Siebziger-Jahre-Funktionalität. Wenn er geschlossen wird und wider Erwarten nicht mit Luxuslofts zugerotzt oder zu einem Bezahlpark gemacht wird, könnte sich hier etwas völlig Neues entwickeln: Leben.

Wurden bisher zwangsläufig die markantesten Punkte der Stadt aufgezeigt, so muss jetzt auch mal der Rest folgen. Der passt so gut oder schlecht zu Reinickendorf wie zu jedem anderen Randbezirk. Wollte man ein ehrliches Buch über Berlin schreiben, dann müsste es fast leer sein. Denn Berlin ist dank Flächenbombardement und millionenfachen Wachkomapatienten über weite Strecken ereignis- und gesichtslos. Das, was auf der BVG-Karte in unscheinbarem Blau das dreckige Innenstadtgelb vom beruhigenden Waldgrün Brandenburgs abschirmt, ist der B-Tarif, die Vorstadt. Von Tegel bis Köpenick und von Spandau bis Hohenschönhausen. Was es dort vor allem gibt, ist nichts. Wenn etwas blinkt, dann die immer gleichen Einkaufspassagen, Bäckereiketten und Bankfilialen. Es ist die riesige Schlafstadt, in der sich der durchschnittlicher Berliner gemütlich eingerichtet hat, um sein Leben zu vergessen. Es muss ja auch nicht jeder täglich die Monsterparty schieben. Es spasten schon reichlich Begaste durch die Innenstadt, warum sollten die auch in den Vorstädten ihr Unwesen treiben? Für Rentner und Kinder ist die Vorstadt also eigentlich ein guter Ort, oder? Nein, ist sie nicht. Mit den abnehmenden Stockwerken wird auch der geistige Horizont der Bewohner kleiner. Das, was sie suchen, die Ruhe und Sicherheit, erfüllt sie mit Schrecken. Denn hier gibt es nur die Stille und ihr eigenes trostloses Ich, das diese Welt nie brauchte. Niemand hat je nach ihm gefragt, und so hat es verlernt, sich der Welt zu stellen. Es verbarrikadiert sich und projiziert wild Gefahren um sich, um den Anschein von Wichtigkeit zu wahren.

Die Vorstadt ist eine einzige Hölle des gegenseitigen Bespitzelns und der Kleinkriege. Auf die Straße wachsende Büsche sind das Vietnam des Steglitzers, der Frohnauer geilt sich an seinen vorsintflutlich verschwenderischen Gaslaternen auf und verteidigt sie mit dem Geld anderer. Millionen Scharmützel werden um kleinste Territorien geführt, das Berliner Kleinbürgertum ist im konstanten Krieg mit sich selbst.

Das betrifft aber eher die Generation Mitte und Ende. Kinder nehmen den alltäglichen Irrsinn als gegeben hin. Bestenfalls bekommen sie ihn nicht wirklich mit. Schlimmstenfalls werden sie schon früh vom zentnerschweren Regelwerk verkorkst und verwachsen zu Charaktermurkeln, die sich im Alter den gleichen Kriegen hingeben werden. Der Punkt der Entscheidung ist die Jugend, das grauenhafteste aller Menschenalter. Denn hier beginnt er zu zweifeln. Und Zweifel sind Preußens und so des Berliners Horror. Zweifel nicht nur an allem, was schlecht und falsch, sondern an dem, was gut und richtig ist. Am schlimmsten aber ist der Zweifel an der Autorität selbst. Der kleinbürgerliche Berliner hat seine Hörigkeit über Jahrhunderte so eingedroschen bekommen, dass allein der Gedanke an Widerspruch einem Sakrileg gleichkommt. Es stellt sich dann nur noch die Frage, wo denn das alles hinführen soll – die Antwort ist klar: ins Verderben.

Als ob es noch schlimmer kommen könnte ... Im multipolaren Zentrum der panischen Angst ist es schon so grauenhaft, dass selbst die totale Zerstörung ein Gewinn wäre. Eine der augenscheinlichsten Katastrophen ist Alt-Mariendorf. Um den U-Bahnhof stapeln sich die ideenlosesten Gastroblöcke. Hamburger, Döner, Eis, um die Leere zu füllen, Cocktails in der Barkette zum Bewusstsein-Eliminieren. Tausende Autos dröhnen vorbei und zeigen außerhalb der Umweltzone, was sie können: verdecken. Der Platz ist ein feuchter Traum der Siebziger, ein purer Durchfahrtsraum. Unter den Straßenwüsten hält die U-Bahn und traut sich nicht weiter. Das ist selbst ihr zu trostlos, und sie verschwindet wieder in ihrem Loch. Nur die Busse fahren noch weiter ins Nichts. Vorbei an Bowlingbahnen, Tankstellen, Discountern und endlosen Reihen von Wohnblöcken, in denen die Menschen vor sich hin brüten. Sie sind nicht mehr als die Batterien für den Gang der Gesellschaft, Investoren ihrer Kaufkraft. In den engen, warmen und synthetisch riechenden Kinderzimmern keimt die Jugend heran. Solange Cartoons und ein Fahrrad sie noch ruhigstellen, ist alles nicht so dramatisch. Sie sind dann nichts weiter als ein nicht mehr süßes, aber bis dahin funktionierendes Ding. Kommt aber die Zeit des Ausbruchs, fängt die Misere an.

Denn der B-Tarif verschluckt all ihre Bemühungen. Es fängt ganz unschuldig an, mit der indifferenten Weite der Stadt. Nach dem eigenen stumpfen Wohnviertel folgt das nächste. Und das nächste und das übernächste. Immer die gleichen Märkte, Straßen und Bushaltestellen. Nie ein großer Kontrast und vor allem nie eine Abwechslung. Nirgends gibt es etwas zu tun, Menschen zu treffen, es gibt keinen Ort, an dem der junge Ungeist aus dem allgegenwärtigen Diskurs der Alternativlosigkeit der Konsumgesellschaft ausbrechen kann. Der weite urbane Raum wird nie Stadt oder Land, ist nie dicht bevölkert und nie leer, er ist wirklich nirgendwo schön, aber auch kein Dreck ist zu finden. Die Matrix, die die Jugend in der Vorstadt umgibt, ist in ihrer Indifferenz hochgradig irreal.

Das checkt der Durchschnittsteenager nicht, jo. Besonders, wenn seine Alten ihr Hirn schon lange eingeweckt haben. Selbst wenn, was sollte er tun? Woher soll die Alternative kommen in einer Welt aus Supernanny, Markenboots und voller Handygekreische, das jeden Gedanken zerfetzt? Was bleibt, ist nur ein langsames Treiben in die Richtung des Schwarms. Wie Mücken werden die Jugendlichen von den einzigen Lichtern der Vorstadt zu den Zentren angezogen, Alt-Tegel, Alt-Mariendorf, wenn es ganz hart kommt, zur hellen Mitte. Es gibt keine guten Argumente, warum sie dort ihre Zeit verschwenden sollten, aber es gibt eben auch keine dagegen. Es gibt überhaupt keinen Sinn für die Zeit. In großen Gruppen sammeln sie sich und potenzieren ihre Frustration. Zum Ende der Schulzeit, so gegen drei, bekommt man einen Vorgeschmack auf die Freitag- und Samstagabende. Denn dann sind es nicht mehr die verplanten Halbkinder mit dicken Rucksäcken, sondern die frustrierten Halbmenschen in ihrer Markenkluft. Die ist unerlässlich, bietet sie doch eine der wenigen Identifikationsmöglichkeiten. In Ermangelung von Erfahrung, an der sie ihre Persönlichkeit entwickeln könnten, suchen sie Zugehörigkeit. Dieser Drang ist so stark, dass selbst die offensichtliche Idiotie eines Markenfetischs angenommen wird, der gegen Geldwert Eigenschaften wie Sportlichkeit, Schönheit und – ganz wichtig – Härte vortäuscht. Wie tragische Helden, die nie jemand brauchen wird, stehen sie dann aufgeplustert am Bahnhof und warten auf Ereignisse. Die kommen aber nicht. Die wenden sich mit Grausen ab von der geistigen Leere, die die Gruppendynamik produziert. Die Passanten auch. Die wünschten sich, die Jugendlichen würden was Sinnvolles machen, zum Beispiel ihr Leben mit Arbeit verschwenden.

Es dauert nicht lange, dann sind die Jugendlichen integriert in ihre Enttäuschungsmaschinerie. In der Gruppe, in der es nichts zu tun gibt, außer seinen Rang zu behaupten und zu vögeln, sind Konflikte die einzige Abwechselung. Gegenseitiges An- und Niedermachen in schnellstmöglichem Wechsel schafft die Illusion von Leben. In ihrer Verzweiflung klammern sich die Jugendlichen an alles, was einen Wert, eine klare Aussage, einen Fixpunkt inmitten des immer gleichen Nichts der Vorstadt zu geben verspricht.

LICHTENBERG

In Lichtenberg will man nicht mal mehr erschossen werden. Lichtenberg, das ist der Anfang vom Ende. Von den grotesk überdimensionierten Plattenbausiedlungen, die sich nach Nord- und Ostberlin rausstrecken bis in die graue Wolkensuppe am Himmel. Die Fenster dieser Blöcke sind so klein, wie sie selbst überdimensioniert sind. Die Wohnbaugenossenschaften pflegen die Hecken vor dem Haus und halten den Rasen schön kurz geschnitten, damit die totale Geometrie der Landschaft hält. Bei jedem Wetter. Die Eingänge der Bauten sind als prototypische Angstzonen konzipiert. Schnell huscht der Lichtenberger in seine Wohnung, weil die latente Vergewaltigung in jeder dunklen Ecke auf ihn wartet. Sollte er das Pech haben, die klaustrophobischen Aufzüge benutzen zu müssen, so kann es passieren, dass er im falschen Stockwerk rauskommt. Die Rationalisierungs- und Sadismusspezialisten der DDR haben sich den Sparaufzug einfallen lassen, der nur alle zwei Stockwerke hält. Damit kein Anflug von Luxus aufkommt. Arbeiter, du gehörst auf die Treppen. Weil nur die Verzweifeltsten dorthin ziehen wollen, wird versucht, die Häuser mit einem Concierge zu bewerben. Der kann aufpassen, dass wie immer nichts passiert. Für den potenziellen Lichtenberger hat das wahrscheinlich den Vorteil, dass er sich an die gute alte Stasi erinnert fühlt. Es ist doch schön, wenn sich jemand um das eigene Scheißleben kümmert, und sei es auch nur, um es so vermurkelt zu halten, wie es nun mal ist.

Das ist dann auch das Einzige, was in Lichtenberg fehl am Platz scheint: Menschen. Ungeometrisch und organisch deformiert schleichen sie durch die Häuserschluchten. Stehen an neuen Bushaltestellen und lassen diese verloren aussehen. Starren von Fußgängerüberführungen über die Frankfurter Allee – die Startbahn in die Sowjetunion – und überlegen, ob sie vor die Autos springen sollen. Sie hätten allen Grund dazu. Nicht mal konsumieren können sie richtig, denn Lichtenberger sind chronisch unterfinanziert. Die kulturelle Abwechslung besteht in grotesk überdimensionierten Shoppingcentern. Da läuft der Lichtenberger durch und kann nichts kaufen. Das merken die coolen Geschäfte und suchen das Weiteste. Ihren Platz nehmen Ein-Euro-Ramschläden ein. Für minderwertiges Dasein gibt es nur minderwertige Produkte. Hart, aber herzhaft. Wie eine in Ketchup ertrinkende Currywurst, die sich der Lichtenberger in der Brutzelbude vor dem Einkaufszentrum in den Hals schiebt. Speckige Nacken erzählen von langen Hartz-IV-Nachmittagen an der Wurstbude. Denn natürlich hat der Lichtenberger keine Arbeit. Wie denn auch, die ganzen Ausländer nehmen sie ihm ja weg. Nach dem sechsten Pilsator ist er darüber dermaßen sauer, dass er erst mal einen zusammentreten geht. Am besten eine Frau oder gleich ein Kind.

Da ist was, das Lichtenberg anderen Berliner Bezirken voraus hat: Eine ansehnliche Nazipopulation. Nicht nur die »Ich-habe-ja-nichts-gegen-Ausländer-aber …«-Fraktion, sondern die Typen, die endlich mal was machen. Bullige Skinheads, die in ihrem Leben so viel Schwein in sich reingeschaufelt haben, das sie selbst eins sind. Ihre Tribaltattoos erzählen vom leichten, aber nervtötend andauernden Schmerz, nicht gebraucht oder gewollt zu werden. Der lässt sich ohne weiteres auf die wenigen Ausländer projizieren, die sich nach Lichtenberg wagen, und die bekommen dann die Rechnung für den Frust mit der Faust. Selbst schuld, wer geht schon nach Lichtenberg. Die einzige Ausnahme bilden die Vietnamesen, die auffällig unauffällig an den Bahnhöfen rumstehen und Zigaretten verkaufen. Die sind schön billig und mit extra Arsen. Ab und an werden dreißig von ihnen – »den Fidschies« – aus einer Zweizimmerwohnung geholt.

Besonders der Weitlingkiez am S-Bahnhof Lichtenberg hat sich für braune Scheiße einen Namen gemacht. Hier stehen noch Altbauten, und es sieht aus, als könnte man es hier aushalten. Kann man aber nicht, da die Nazis sich das wahrscheinlich auch dachten. Mittlerweile hat die akute Brutalität allerdings abgenommen. Nicht, weil die Nazis einsichtig geworden wären, auch keinem gesellschaftlichen Gesamtkonzept jenseits von lobotomiertem Konsumwahn oder einem neuen Shoppingcenter, wo alle abhängen können, geschuldet. Der Grund ist die Überalterung der Gesellschaft.

Unweit vom Weitlingkiez befindet sich die Normannenstraße, das ehemalige Hauptquartier der Stasi. Nicht zufällig liegt es in Lichtenberg. Der Bezirk ist der feuchte Traum des Betonkopfsozialismus.

Die Verdrängung durch Mieterhöhung gleicht den Weitlingkiez dem Rest Lichtenbergs an und macht ihn still und leer. Der Unterschied Lichtenbergs zu Hellersdorf und Marzahn ist, dass es zentraler liegt. Der Nichtberliner denkt, Friedrichshain wäre in irgendeiner Weise erstrebenswert und will dahin. Wenn er dort nicht wohnen kann, bleibt nur Lichtenberg. Dazu kommen Studenten, die im riesigen Sowjetstudentenwohnheim hausen, einer Enklave an Hirn und so was Ähnlichem wie Spaß. Also Besaufen nicht aus akuter Verzweiflung, sondern um seiner selbst willen.

Aber auch in der Betonwüste gibt es Oasen. Zum Beispiel das Pfarrstraßenviertel. Das ist ein kleiner Kiez, eingekreist von S-Bahnbögen und Ausfallstraßen. Findet man durch eines der Nadelöhre hinein, stellt man mit Erstaunen fest, dass die Zeit hier 1880 stehengeblieben zu sein scheint. Die meist zwei- bis dreistöckigen Gründerzeitbauten haben die Kriege fast alle gut überstanden und bilden ein für Berlin untypisch schönes Ensemble. Zu DDR-Zeiten war das Viertel eine Art offener Vollzug für Alkoholiker und andere unproduktive und faule Subjekte. Abgeschirmt vom blanken Hass der arbeitenden Bevölkerung, verrotteten sie da und das Viertel mit ihnen.

Zu Mauerfallzeiten waren die Bewohner im Handumdrehen ganz weit weg, Freaks kamen und besetzten das kleine Idyll. Es folgte der Standard: Polizeigeknüppel, Sanierungsüberdosis und Auswechslung der Bewohner. Wer heute die Pfarrstraße entlanggeht, kann nur noch ahnen, wie lebhaft dieser Ort gewesen sein muss. Aber um die Ecke stehen noch einige verfallene Häuser, und in mancher Sackgasse kommt man sich vor, wie hinter dem Ende der Welt.

Ein weiteres *Highlight* ist der Tierpark. Das Tolle am Tierpark ist, dass mehr Tiere als Menschen drin sind. Die tun, was Tiere halt so tun, fressen, ficken, schlafen und scheißen. Im Gegensatz zum Zoo im Westen, ist der Tierpark allen Ernstes ein Park. Das Gelände ist weitläufig, alte Bäume säumen die Wege, ein Schloss steht ungefragt da und japanische Touristengruppen haben Seltenheitswert.

Für völlig Verrückte bleibt noch Rummelsburg. Der Teil Lichtenbergs an der Spree war bis vor kurzem so uninteressant, dass Berlin ihn einfach vergessen hatte. Als es ihn entdeckte, wurden natürlich erst mal *Townhouses* an die beste Wasserlage gebaut. Direkt aus einem alten Knast. Die haben den Vorteil, dass sie nicht nur schweineteuer sind, sondern auch noch nicht groß. So wird Innenstadtplatz verschwendet und noch teurer, also der Townhousebewohner ein noch exklusiverer Mensch. Ein besserer Mensch. Der Yoga lernt und seinen Auswurf im Kinderwagen durch eine Gegend schiebt, in der vor zwanzig Jahren noch Leichen verbuddelt wurden. Lecker.

Rummelsburg hat aber noch einige freie Flecken, und da wird gefeiert. In alten Fabriken und auf spontan eruptierenden Raves haben Leute so viel Spaß, dass es schon lange verboten wäre, wenn es nicht so viel Geld und damit Steuern einspielen würde. Da drückt der Senat schon mal ein Auge zu, wenn alle sich bis Oberkante Unterlippe zudröhnen mit allem, was an Chemie jemals erfunden wurde. Das sind vielleicht die besten Orte Berlins – mitten in der Scheiße.

MITTE

Hmm, jaaa, Mitte. Gib's mir richtig. Hardcore. Mitte ist der große harte Schwanz Berlins, mit dem sich die Stadt selber fickt. Mitte ist alles – was Berlin nicht ist. Geschäftig, reich, sauber, elitär, überschön, es will auf Augenhöhe mit den Metropolen der Welt sein. Wer Berlin sehen will, der geht woanders hin.

Nicht, dass es hier deswegen weniger Arschlöcher gäbe. Mitte ist der Brutkasten für die nächsten Generationen von Arschlöchern. Mitte ist Zukunft, nicht Vergangenheit. Die DDR gab es mal, aber sie ist weg. Den Palast der Republik sucht der Besucher vergebens. In guter alter faschistischer Tradition hat der Berliner Senat alles abreißen lassen. Historische Reflexion ist was für Weicheier. Nicht, dass der Berliner das aus purem Hass und Rachegelüsten veranstaltet hätte. Sicher, das war eine Motivation, aber die tiefe Korrumpiertheit des Berliner Systems ist nicht zu unterschätzen. Die CDU freut sich, wenn gebaut wird, dann bekommt sie Bestechungsgelder von Unternehmern, die sich das, weil sie Mitglieder sind, sowieso wieder abgreifen. Die SPD freut sich, weil es dann Arbeit gibt und auch für sie ein Stück vom Schmierkuchen abfällt. Die Linke dürfte sich nicht so gefreut haben, besonders weil viele original DDR-Betonköpfe sich in ihr vor der Arbeitslosigkeit retten. Aber hey, bis sie ausstarben, war die CDU auch ein Refugium für Nazifossilien. Die FDP fand den Abriss ebenfalls super, weil es Zerstörung war, und Zerstörung kurbelt die Wirtschaft an. Was wir nach Logik der FDP eigentlich bräuchten, wäre ein neuer Krieg. Alle zusammen holen sich einen runter auf das, was dort wieder auferstehen soll und diese debile Geisteshaltung erst möglich gemacht hat: Preußen. Ja, sie wollen ein Stadtschloss wieder aufbauen. So hässlich, dass es Schloss genannt werden muss, damit es nicht als historische Mehrzweckhalle durchgeht. Eben das wird es aber werden, da der Bau zwar viel Geld kostet, aber niemand so recht weiß, wozu er – außer Potenz zu signalisieren – eigentlich da sein soll. Glücklicherweise fehlen bis jetzt die Mittel dafür. Die stattdessen ungefragt daliegende Wiese ist bei weitem die bessere bauliche Variante.

Der Schlossbau steht symptomatisch für Mitte: verfehlter Weltmachtanspruch. Klar, für Berliner Verhältnisse glänzt und blitzt es ganz schön. Das ist auch nicht schwer, wenn der Rest der Stadt zugeschissen vor sich hinvegetiert. Aber verglichen mit Paris, London, New York ist Mitte armselig und provinziell. Das wissen die Mittehipster, und das macht sie fertig.

Mittehipster sind das, was sich aus den Kreativen um die Auguststraße degeneriert hat. Sie hocken in Cafés und sterilmodischen Bars und sehen überproduziert aus. Die Autowerbung zu ihrem Leben existiert leider nicht. Ihre Baumwolltaschen, eckigen Brillen, ach so dynamischen Turnschuhe zu Anzügen und das noch nicht mal erfundene Apple-Gimmick erzählen von tiefsitzender Unerfülltheit. Peinlich genug, sich auf das urbane, sich selbst verwertende Kreativentum einen abzuwichsen, ist es in Berlin das Eingestehen der absoluten Minderwertigkeit, denn erstens interessiert es hier keinen, und zweitens kann man nicht bekommen, wozu dieser ganze Zirkus veranstaltet wird: Geld – und auf lange Sicht: Liebe.

Wenn das zum Mittehipster durchdringt, kann er schick einkaufen gehen am Hackeschen Markt. Da steht Leben vergessen und Freude konsumieren auf dem Programm. Garantiert ist dort nichts Brauchbares zu finden, dafür aber eine wahre Geisterbahn an internationalen Modefetischisten. Shoppen, die endgültige Aufgabe der Existenzberechtigung, ist hier Volkssport. Für alle, die genug Geld haben, es aber auch jedem ins Gesicht zu kacken. In den Boutiquen hinter der Theke enden die Mittehipster, die es geschafft haben.

Die, die es noch schaffen wollen, fristen ihr trauriges Dasein in Galerien. Die sind so steril, dass ein zerplatzer Schädel eine wahre Wohltat wäre. Es gibt nur das, was vor zwanzig Jahren auf einem fremden Planeten unter Voraussetzung allgemeiner Lobotomie mal als Kunst hätte gelten können. Doch Kunst, das ist in Mitte das, was es kostet. Kunst geht so ab 2000 Euro los, gute Kunst ab 20000. Für noch eine Null mehr hat es schon fast Charakter. Das reicht, um Touristen Authentizität vorzugaukeln. Es ist ein vernichtendes Urteil, wenn der eigene Horizont schon so verengt ist, dass einen sogar ein Berliner Galerist abziehen kann. Das lässt erahnen, wie scheiße das Leben in London, Paris und Shanghai sein muss.

Erfrischend stehen zwischen all den totsanierten gedrungenen Altbauten die Monumente des real existierenden Sozialismus. Die Wohnungsbaugenossenschaft Mitte verfügt über ein breites Sortiment an Schuhschachteln für den Kapitalismusverlierer jeder Couleur. Obwohl – nein, man sollte schon deutsch sein, aber vielleicht weniger als auf dem freien Markt. Die WBM-Blöcke tun so, als wären sie Altbauten. Sie ducken sich auf die gleiche Traufhöhe und stehen dicht an dicht. Sie sind die domestizierte Version der riesigen Plattenbaumonster Lichtenbergs und des fernen Ostens. Von innen sind sie noch ein wenig deprimierender, da man in den engen Löchern kaum Licht hat.

Es gibt auch einige Monster. Erwähnenswert ist der Bunker direkt am Alexanderplatz. Sein provozierend unsaniertes Grau muss den Stadtoberen das kalte Kotzen bescheren. Wie ein großes »Leck mich!« steht er gegenüber dem krampfhaft aufkapitalisierten Alexanderplatz und sagt: »Es gibt noch Verlierer in eurer Mitte.« Der Schein trügt nicht. Schafft der Besucher es durch die furchteinflößende Angstzone, die sich Eingang schimpft, findet er sich direkt in Russland wieder. Fahles Licht macht aus jedem einen Junkie, und wieso nicht, die Crackfolien liegen schon da. Der chemische Geruch wabert in der Luft und mischt sich mit reinstem Ostmief. Der für einen fetten Westberliner zu kleine Fahrstuhl sieht nicht aus, als könnte er etwas anderes als fallen. Im engen Treppenaufgang zieht man besser die Ellenbogen ein, denn die Wände sind bis zum fünften Stock voll mit Fäkalien. Wer nicht bedacht läuft, den lassen die auf der Pisse klebenden Schuhe ins Vergnügen fallen, Spritzen liegen bereit. Aus den Fenstern sieht man über den Alexanderplatz auf die Frankfurter Allee, ehemals Stalinallee. Die singt ein Hohelied vom Kommunismus, der Alexanderplatz vom Kapitalismus, und der Müllschlucker zur Seite zeigt, wo alles hingeht. Manche Bewohner haben eine einfache Lösung gefunden: Alpentapete. Wenn man schon verarscht wird, dann bitte richtig. *Reality fuck off.* Das wäre der passende Ort für Mittehipster, ein perfekter Ausdruck ihres Inneren.

Mitte ist noch mehr, immer mehr, MEHR! Mitte ist ein Kokser. Besonders im *Weekend*, dem Club hoch überm Alex. Gute Idee, aber schnell in billigste Exklusivität abgedriftet. Ein Spitzenclub für hirnlosen Elektro und simulierten Druffispaß. Die Fortsetzung des Hackeschen Marktes mit anderen Mitteln. Die BWLer, die sich in diesen Etablissements emotionslos auf dem Klo in den Arsch ficken, wollen mal Biznesmeni werden. So nennt man in Weißrussland alle, die es sich leisten können, jeden Tag einen Glitzeranzug zu tragen und folglich unfassbar erfolgreich sein müssen. Sie sind die andere große Gruppe des Mittevolks, auch wenn die Anzüge hier weniger glitzern. Sie sind eher in der Wilhelmstadt zu finden, dem komplett abgeschliffenen Bereich der Stadt südlich von Unter den Linden. Es ist ein blinder Fleck mitten in Berlin, der für den normalen Berliner kaum mehr ein Begriff ist. Hier langweilen sich große Hotels, Anwaltskanzleien und Botschaften um den komatösen Gendarmenmarkt.

Die Friedrichstraße bietet für mehr Geld all das, was andere Einkaufsstraßen auch bieten, und ist dabei noch um einiges unansehnlicher. Das Wilhelmsviertel ist, bis auf versprengte Altbauten, eine grauenhafte Emulsion aus dem, was Architekten in den Neunzigern für wegweisend hielten. Selten ist

Berlin so oft silber und verwaschen spleenig türkis wie in den schnurgeraden Straßen dieser Gegend.

Berechtigterweise ist sie außer für Touristen, die sich an der Militärromantik des Checkpoint Charlie aufgeilen, nur für Biznesmeni interessant. Sie sind die Klone der Wirtschaft, die die globalisierte Welt verseuchen. Den Agenten aus Matrix gleich tauchen sie überall auf und machen das Leben schlechter. Die Speerspitzen des Neoliberalismus definieren ihre Menschlichkeit über Einkommen und sind daher besser. Alles andere ist sekundär. Genau das drückt die Ästhetik der Wilhelmstadt aus. Ganz nach dem neoliberalen Muster der Unterstützung der Reichen durch die Ausplünderung des Restes erzeugen sie Elend. Das schleicht sich von Süden heran, wo von Kreuzberg aus verschachtelte Sozialbauten herankriechen. Sogar einen Motz-Obdachlosenladen findet man dort. Ein friedliches Nebeneinander? Eher der Lackstiefel auf dem nackten Pennerarsch.

Über den Biznesmeni gibt es nicht viel zu sagen, was nicht in »American Psycho« besser dargestellt wäre. In seiner Eigenschaftslosigkeit zerstört er Berlin. Das macht ihn zu einem der extremsten Arschlöcher, da er sogar die Diversität der Arschlöcher zerstört. Nach ihm nur Starbucks.

All das nicht bemerkend, shoppt der Berlintourist von der übelsten Sorte in der Gegend vom Brandenburger Tor. Herangekarrt in Busladungen, verseucht er Berlin mit ländlicher Beschränktheit. Natürlich bringt er locker sitzendes, mit ehrlicher Arbeit verdientes Geld mit, weswegen der durchschnittliche Berliner ihn geil findet. Politiker solidarisieren sich gern und verweisen auf die Wirtschaftsleistung. Wie so oft, wenn arme Schweine wie Hotel- und Sternerestaurantbesitzer irrsinnig Kohle einfahren, hat das allerdings kaum Einfluss auf das Fußvolk. Für dieses wird das tägliche Leben teurer und unlebenswerter, aber für die Wirtschaft verkauft der kapitalismusdomestizierte Berliner schon lange seine eigene Mutter. Das Stadtbild sowieso. Das Brandenburger Tor kann man also getrost als real gewordene Postkarte mitsamt Pferdekutschen aus Berlin ausgliedern.

Mitte wäre nicht Mitte, wenn es nicht mehr zu bieten hätte. Den First-Class-Strich zum Beispiel, die Oranienburger Straße. Die abends auf die Straße laufenden Nutten haben meterlange Stiefel an und sehen ungefähr so menschlich aus wie Robocop. Wer unverständlicherweise in einer der tourigefickten Bars dort was trinken gehen will, darf nicht erschrecken, wenn es ihn aus dem Dunkel anzischt, dass man auch Karte nehme. Nein, die Nutten haben nicht noch eine weitere Körperöffnung zum Einlesen, obwohl das der Logik der totalen Körperverwertung entspräche. Sicher anturnend für junge Liberale. Aber die Nutten sind in Wirklichkeit Prostituierte, legal und öffentlich, sie haben ihre persönlichen Absteigen um die Ecke und zahlen Steuern. An der Oranienburger Straße läuft das ganz gesittet ab. Die minderjährigen Junkies, die lieber gleich im Park bleiben wollen, findet man an der Kurfürstenstraße.

Am Ende der Straße steht das *Tacheles* und sieht wild aus. Ist es aber leider nicht mehr. Das Vorzeige-Besetzer-Haus ist mittlerweile nicht viel mehr als ein Museum seiner selbst. Die frühen Neunziger, in denen Westfreaks den erstaunten Ossis zeigten, wie Besetzen geht, sind vorbei. Mittlerweile haben sie sich gegenseitig verklagt, weil manche Millionäre geworden sind, andere nicht. Innen reihten sich Ramschkunstläden aneinander, alles war nur dem Ambiente entsprechend um einiges billiger als in den Galerien. Im Café flogen Kiffer trotzdem achtkantig raus, und das kleine, aber gemütliche Kino war zumindest den Preisen nach bei den Großen angekommen. Im Sommer konnte der Garten hinterm Haus noch ein wenig Entspannung bieten, wenn nicht grade eine zweihundertköpfige Tourigruppe hindurchgeführt wurde. Der Garten wurde bald erheblich verkleinert durch die Neubaugelüste diverser Investoren. Dem Allgemeinwohl verpflichtet, dachten sie sich, was Berlin an historischer Stelle dringend braucht, ist: ein Einkaufszentrum. Zum Glück grätschte die Finanzkrise dazwischen. Die Grünen versuchten auch, den Banken gut zuzureden, was ohne die Krise sicher sehr erfolgversprechend gewesen wäre. Banken sind schließlich bekannt für ihre wilde Philanthropie. Dementsprechend ließen sie private Schlägertrupps die Künstler rausprügeln und klauten, was an Kunst so da war. Die Rettungsmilliarden für Banken schienen noch nicht gereicht zu haben, da muss man halt nachhelfen, wenn der Managerarsch auch Kunst haben will. Das war selbst dem Handlangerstaat zu übel, und Bullen eskortierten die Künstler wieder rein, bevor sie sie im September 2012 rechtmäßig wieder rauswarfen. Zerstören geht schon, es muss nur alles seine Ordnung haben.

Wem das *Tacheles* zu öde ist, der kann zum *Schokoladen* weiterziehen. Eines der wenigen besetzten Häuser, das sich in Mitte noch hält, unweit der galerienverstopften Torstraße. Es gibt Bier, Kultur, Freude – es kann eigentlich kaum Mitte genannt werden. Natürlich steht die Räumung seit Jahren vor der Tür. Dann wird Mitte endgültig zur Wüste. Vielleicht besinnt sich Berlin und verkauft den ganzen Mist an München oder den Meistbietenden.

KÖPENICK

Keine Lust mehr auf Berlin? Dann ist Köpenick eine gute Wahl. Das Zehlendorf des Ostens und der größte Bezirk Berlins verliert sich zwischen Wald und Seen. Er ist nicht so anmaßend und protzig wie das ehemalige Randwestberlin, dafür grüßt einen noch oft architektonische und mentale Trostlosigkeit.

Die Altstadt von Köpenick versuchte man aufzuhübschen, ist aber irgendwo in der Mitte steckengeblieben. Jetzt sieht alles aus wie Kleinstadt, ganz nett, aber nichts Besonderes. An den Ausfallstraßen oder in den Plattenbauten nahe dem Krankenhaus findet man den echten Köpenicker. Der geht schon in Richtung Brandenburger: völlige stumpfe Leere. In Köpenick passieren öfters lustige Sachen, wie dass Bewohner die Gasabzugshaube verstopfen, weil es »zieht«. Folglich ersticken alle und die Nachbarn müssen stundenlang mit der Polizei reden und die grenzdebile *Morgenpost* muss das wiedergeben (26. 7. 11). Der Köpenicker ist in den seltensten Fällen so bösartig wie der Restberliner, sondern einfach dörflich-dumpf. Es gibt auch hier die obligatorischen Nazis, aber selbst die langweilen sich zu Tode, weil es kaum Ausländer gibt. Der Hügel, auf dem sie stehen können und keinen zum Verprügeln finden könnten, wäre der Müggelberg mit seiner ruinösen Radaranlage – wie im Westen auf dem Teufelsberg. In jeder anderen Hauptstadt der Welt wäre er schon lange ein beliebtes Ausflugsziel, hier verfällt er. Das mag auch daran liegen, dass er abstoßend hässlich ist, aber für jede Geschmacksverirrung finden sich ästhetisch Wahrnehmungsgestörte. Manche mögen ja auch Platten. Zumindest Agentenfilme oder Mordszenen in Krimis könnte man hier bestens drehen. Da brauchte es nur einen findigen Geschäftsmann, der das mit Kaffee und Kuchen in ein Konzept integrieren kann. Im weitläufigen Wald drumherum kann man spitze mit Wildschweinen sozialisieren. Die pflügen brutal den Waldboden durch, verfügen aber im Gegensatz zu anderen Müggelbergbewohnern noch über ein Feuerwerk an Intellekt. Auf der Rückseite haben sich die wenigen Jugendlichen Köpenicks Rampen und Abfahrtswege gebaut, die sie mit ihren Mountainbikes penetrieren. Es gibt wenig Unterschiede zwischen Ost- und Westjugendlichen, aber ein verbleibender scheint Mountainbiken zu sein. Wo ist der Zusammenhang zwischen 40 Jahren autoritärem Staatskapitalismus und dem Drang, sich auf steilen Abfahrten den Hals zu brechen? Vielleicht sind beides einfach ziemlich blöde Ideen. Besonders, da die meisten als Ausdruck ihrer defizitären Persönlichkeit Piercings an den unvorteilhaftesten Orten des Gesichts haben. Es ist ihnen nicht bewusst, aber sie sehen aus wie Warzen. In Vietnam lassen sich Jugendliche gerne lange Haare aus Leberflecken im Gesicht wachsen, vielleicht ist das ein ähnlich begründeter Trend. Es wird Zeit ein paar Ethnologen der Unis in den Wald zu karren und erst wieder in die Stadt zu lassen, wenn das geklärt ist. Bis dahin haben sich die Mountainbiker die Piercings und einige Zähne eh schon aus der oder in die Fresse gehauen.

Für die, die darauf keinen Bock haben, gibt es den zum Bandbunker umfunktionierten Knast und einen Skatepark auf einem zwischengenutzten Gelände. Köpenick ist so egal, dass selbst die Verwertungslogik des Immobilienmarkts hier nicht greift. Das ermöglicht es auch, noch Ecken zu finden, in denen die DDR still und heimlich weiterlebt.

Ein bisschen weiter draußen, hinter dem x-ten vergessenen Dorf im Wald, findet man davon sogar einen ganzen Haufen. Da Osten, interessierte es schon zu DDR-Zeiten keinen mehr, ob die Stadt hier aufhörte oder anfing. Das kleine Dörfchen Gosen hinter der Grenze war der Rückzugsort der »sozialistischen«, sprich staatskapitalistischen Elite. In schmalbrüstigen, aber schwerbewachten Häusern hockten diese Arschlöcher angstvoll und hofften, dass der Russe sie bis in alle Ewigkeit beschützen würde. Es war bezeichnend für die Verlogenheit dieser Kaste, dass sie Einfamilienhäuser den sozialistischen Blockalpträumen auf der anderen Seite des Waldes vorzogen.

Ein wenig nördlicher liegt Woltersdorf. Das gehört eigentlich nicht mehr zu Berlin, aber das hat in der Gegend noch nie interessiert. Der Durchschnittsberliner weiß auch nicht, dass das unweit dahindümpelnde Friedrichshagen sich Berlin schimpfen darf. Woltersdorf hingegen hat bei Kennern lokale Berühmtheit erlangt, zumindest Woltersdorf Schleuse Ost. Gar nicht so hässlich, wie man erwartet hätte, ist es die Heimat von Mike Lehmann. Seines Zeichens Bauarbeiter und Hauptcharakter einer abgesetzten Radioshow des Senders Fritz. Heute ist es unbegreiflich, wie die Knallköpfe von Fritz ihre Show so lange gegen das öffentlich-rechtliche Management verteidigen konnten. Denn Mike stellte Berlin (und Brandenburg) so dar, wie es ist: trostlos und scheiße. Er ist das personifizierte Gegenteil von be.berlin, dem idiotischen Verkaufsmotto. Nachdem man ihn gehört hatte, wollte man alles sein, nur nicht Berlin. Eine Kostprobe: Für so viel Poesie reicht es dann doch. Um fünf Uhr morgens war das genau die Art von Humor, die einen weiteren grauen Tag in Berlin erträglich machen konnte. Mike war immer auf der Grenze zwischen denen da drüben, den Brandenburgern, und den Berlinern. Das gab den Berlinern die Möglichkeit zu hoffen, dass es anderswo noch beschissener ist, und, weil die meisten ahnten, dass das nicht so war, sich über sich selbst lustig zu machen, da Mike ebensoviel von Berlin wie von Brandenburg hatte. Das, worüber abgekotzt wurde, hatte und hat tatsächlich Relevanz, besonders in Köpenick, wo an einigen Ecken die Zeit stehengeblieben ist: Mikes Freund Kotzekocher ist kulinarisch voll auf der Höhe Berlins und brennt Bouletten noch mal schnell an, bevor sie vollends verschimmeln. Mike haut sie sich rein, und wenn er dazu ein Brötchen von heute will, dann muss er morgen wiederkommen. Hier zeigt sich, dass der Ostwestgegensatz keine Rolle spielt, denn obwohl der Charakter Mike Ossi war, war das in Westberlin nicht anders. Touristen bekommen noch immer Komplexe, wenn sie von Bäckereiwuchtbrummen angeheischt werden. Trotzdem setzt sich langsam der Service durch, dass man für sein gutes Geld auch ein falsches Lächeln bekommt, Weltstadt eben. Außer dass Mike scheiße dumm ist, geht es aber noch um etwas anderes: Er ist das totale Unterdrücki. Sein ganzes Leben hat er nur einstecken müssen, denkt aber nie daran, sich aufzulehnen. Er steht damit für die große Mehrzahl der Berliner, die meckern, aber nichts tun, und so dieses einzigartig lebensunwerte soziale Klima schaffen.

Das einzig Außergewöhnliche, was Köpenick hervorgebracht hat, ist Knorkator. Vom Berliner Wort »knorke« (gut auf eine brachiale Art) abgeleitet, ist ihr abgedrehter Techno-Metal-Opern-Sound das Gegenteil vom Leben dort. Es scheint eine Regel zu sein, dass Ausraster mit der Beknacktheit der Umgebung extremer werden. Man stelle sich nur Österreich und Bayern um 1900 vor, kein Wunder, dass das Hitler ausgeschissen hat.

Für den Berliner gibt es keinen Grund, nach Köpenick zu gehen, außer um rauszukommen. Für den Besucher auch nicht. Das trifft sich gut, Köpenick hat eh keinen Bock auf irgendwelche Leute und will in Ruhe gelassen werden.

TIERGARTEN – MOABIT IST ABSTURZ

Das Herz des Tiergartens ist ein großer Park, der Berlin in seiner Mitte eine Pause von sich selbst verschafft. In den guten alten Zeiten schossen die Kaiser hier ihr Wild. Den Westberlinern war er ein praktischer Puffer vor den Russen, damit man wenigstens 15 Minuten Zeit hatte, bevor die auf dem Kurfürstendamm standen. Zu Loveparadezeiten ein Zuhause für hunderttausende Spaßverirrte, die sich in den Büschen besinnungslos rammelten.

Heute ist der Tiergarten ein großes Nichts. Ihm fehlt das entspannte Gefühl eines Stadtparks, vielleicht auch, weil er von Hauptverkehrsadern durchzogen wird. Die Wege und Brücken sind so bedacht angelegt, dass sie jeden Gedanken an unberührte Natur sofort Lügen strafen. Man glaubt es kaum, es leben trotzdem Tiere in allen Ecken. Wie überall in Berlin drehen die furchtlosen Füchse besonders nachts ihre Runden. Tags mümmeln Kaninchen dumpf auf den Wiesen. Große Raubvögel kreisen über ihnen und versuchen, ihrem friedlichen Leben ein Ende zu machen. Ganz selten sieht der Besucher sogar eine der tellergroßen Wasserschildkröten aus den Kanälen kriechen. Ob sie Nachfahren der ursprünglich heimischen Sumpfschildkröten oder ausgesetzte Ungeliebte sind, bleibt dem Besucher zu ermessen.

Mitten im Park ist ein mörderischer Kreisverkehr. Berlins Place de la Bastille ist die ultimative Herausforderung für Autofahrer. Der Fußgänger, der Zeit hat, seine Umgebung wahrzunehmen, kann sich von der nationalsozialistischen Ästhetik der Siegessäule in seiner Mitte provozieren lassen. Der Name ist Programm. Der Goldene Engel auf dem Turm wurde von den Nazis hierher verfrachtet und steht für die ewige Überlegenheit Deutschlands über Frankreich. So peinlich dieses protzige Denkmal ist, Berlin ist froh über alles, was es an Kultur hat, und stellt einfach Obama davor. Wenigstens hätte Hitler da das kalte Kotzen bekommen.

Der Tiergarten spannt einen Raum vom Zoo zum Brandenburger Tor. Der gleichnamige Bezirk geht ungefragt nördlich und südlich davon weiter. Während der Norden, Moabit, nichts als trostlos ist, findet man im Süden eine bunte Abwechslung aus gescheiterter Integration, Drogensumpf, hochherrschaftlicher Arroganz und schlicht windigen Geschäften.

»Moabit ist Beste«, behaupten zumindest der selbsternannte Bürgermeister und ein paar Hipster, die es aus Kostengründen dahin verschlagen hat, in ihrer Aufwertungskampagne. Nichts könnte weiter von der Wahrheit entfernt sein. Moabit ist Absturz. Bis vor kurzem hat Moabit niemanden interessiert. Es war eine Zwischenstation der nicht existenten Stadtmitte und der sozialen Sackgasse Wedding. Wer schnell und dringend schlechtes Heroin braucht, kann es an der Turmstraße bekommen. Das Angebot auf dem Schwarzmarkt ist dafür umso größer. Der Heroinpreis in Berlin könne »kaum noch billiger werden«, erklärte die damalige Berliner Drogenbeauftragte Elfriede Koller im Jahr 2001, als die Kosten für einen »Schuss« gerade auf sechzig Mark gesunken waren. Laut der um keinen Insidertipp verlegenen *Jungle World* (15. 1. 2009) ist dieselbe Menge heute für fünf bis zehn Euro zu haben. Na, Bock auf Shopping?

Kiez um Kiez aus schön anzusehenden Altbauten reihte sich aneinander und wurde nur von dem obligatorischen siebziger Jahre bockigen Sozialbunker unterbrochen. Hier eine hübsche, aber uninteressante Markthalle, dort ein bisschen Industrie, Eckkneipe um Eckkneipe und nichts, was einem in Erinnerung bleibt. Moabit ist eine gute Gegend für deprimierende Altersarmut. Für verschwendete Lage im Zentrum. Um die Turm- und

Beusselstraße sogar für handfestes soziales Elend, aber ohne jegliches Flair. Viele Moabiter stehen zu ihrem Loch und finden es ganz gut. Reisbrei ist auch ganz gut. Werden sie gefragt, wo man mal ein Bier trinken könne, bleiben die Gesichter so leer wie die Regale im Hertie. Ganz recht, man kann in Moabit nichts trinken gehen, vielleicht ist Hertie deshalb weggezogen. Das hält man ja nüchtern nicht aus! Nichts trinken heißt, nicht mal mehr mit Wedding-Cowboys versacken, sondern alleine in der Betonwüste stehen. Zum Glück gibt es Bier und Korn natürlich auch auf der Straße bei den vielen Runden vertrauenswürdiger Gestalten.

Weil zentral und rein rechnerisch begehrenswert, musste es soweit kommen, dass Moabit aufgewertet wurde. Die Aufwertung des Stadtteils von oben zog besonders im südlichen Moabit die passenden Einwohner nach sich. Junge Leute mit viel Kapital waren und sind bereit, es an Moabit zu verschwenden. Als einer der wenigen Orte in Berlin könnte Moabit es schaffen, direkt vom öden Bodensatzbezirk in einen öden satten Mittelstandsbezirk überzugehen. Die Zwischenphase der Künstler und Kreativen, die das Viertel sonst erst mal aufwerten müssten, wird übersprungen.

Völlig deplatziert liegt das Ensemble um den Hansaplatz am südlichen Ende Moabits. Die U9 macht vor und nach der Station lange keinen Halt. Solange hat auch der U-Bahngast Zeit, sich vorzustellen, was ihn erwartet. Legt er die Hand ans Fenster, sieht er die Kabel zitternd vorbeisausen, das altersschwache Nervensystem Berlins. Trotzdem eine der ehrlichsten Ansichten der Stadt. Aus dem U-Bahnschacht kommend, stellt er fest: Die Tunnel waren besser. Der Hansaplatz ist mehrheitlich das Produkt eines Architekturwettbewerbs in Kantigkeit. Visionär moderne Architektur steht rum und deklassiert den Menschen zum Wohnsubjekt. Es sieht fast aus wie in dem Plattenvorstädten Ostberlins, trostlos und traurig.

Der südliche Tiergarten, im Volksmund geistreich »Tierarten« genannt, ist interessanter. Zwischen Park und Kanal liegen aus dem Stadtleben extegriert die Botschaften. Sie zeigen eindrucksvoll, was für interessante Architektur Staaten auf Kosten ihrer Bürger schaffen können. Sicherlich ist Ägyptens hungernde Bevölkerung froh über die edlen Materialien, mit denen ihr Repräsentationsklotz gepflastert ist.

Hinterm Fluss beginnt die Potsdamer Straße, im Fachjargon »Potze«. Klingend, wie der Name ist, hat er natürlich eine naheliegende Bedeutung. Hier befindet sich der Zweite-Klasse-Strich zwischen Ramschläden und Unternehmen, die gerne in der richtigen Mitte Berlins wären. Der Live-Zombiefilm auf dieser Straße ist eigentlich Eintritt wert. Wer mit unproduktiven menschlichen Regungen wie Mitleid nichts anfangen kann, dem bieten die minderjährigen transsilvanischen Vampire ein schönes Schauspiel. Gerade hat eine Anwohnerinitiative den Bau eines Bordells erfolglos verhindert. Ganz nach dem bewährten Berliner Reflexschema der Symptomverdrängung war das Vorgehen nicht weiter verwunderlich. Dass damit argumentiert wurde, dass das geplante Bordell den Kiez sozial kippen würde, allerdings schon. Denn die Potze ist per Definition schon gekippt. Die Verkörperung der Wilden Zwanziger war von Anfang an nichts als eine Amüsiermeile, die bestenfalls glänzend scheinen konnte. Und das auch nur bei Nacht. Sogar das altehrwürdige Wintergarten Varieté und eine satt neoliberale ansässige große Tageszeitung haben das sinkende Schiff verlassen. Naja, das Varieté ist eigentlich eher gleich mit ertrunken. Dabei leisten die Nutten auch Gutes, verscheuchen zum Beispiel Christen, wie der Spiegel (30.10.2007) zu lamentieren weiß: »Bernd Weiß, Mitarbeiter der ›Mittwochsinitiative‹ im Gemeindehaus der Zwölf-Apostel-Kirche, kennt die Szene durch seine ehrenamtliche Arbeit. Er hört von Prostituierten, die vorbeiziehende Pärchen belästigen, die Männer von ihren Frauen wegziehen. Er hört von Mädchen, die sich auf Motorhauben legen, um potenzielle Kunden am Wegfahren zu hindern. Er hört von Freiern, die wegbleiben, weil die Huren ihnen zu aggressiv sind. Anwohner berichten von prügelnden

Zuhältern der osteuropäischen Mädchen. Von Sex am hellichten Tag im Gebüsch, auf Parkplätzen. Ihre Kinder könnten sie deswegen nicht mehr nach draußen zum Spielen schicken.«

Keine Spießer, keine Kinder – was will man mehr? Der Strich sollte an die Kastanienallee verlegt werden.

Wie auch in Moabit meinen manche, hier geht es aufwärts. Es siedeln sich jetzt Galerien und Start-Ups an. Sie haben recht, insofern, als dass die Immobilienpreise steigen werden, egal was passiert. Dass die Potze gesäubert wird, ist aber sehr

unwahrscheinlich. Ein Stück weiter südlich liegt die Bülowstraße zugedröhnt. Als einer der Drehorte für Christiane F. ist sie heute noch hinreichend fertig, um als authentisch durchzugehen. Das hängt nicht zuletzt an der umliegenden Bebauung. Schließlich war Tiergarten das, was Westberlin als Zentrum verstand. Also mussten so viele Altbauten wie möglich abgerissen werden. Mehr Menschen passten danach in die Schuhkästen, die man damals für menschenwürdig hielt. Als direkte Konsequenz schießen aus den Fensterschlitzen ab und an Bewohner mit Luftgewehren auf Passanten. Die Berliner wissen eben, wie man seinen Mitmenschen das Gefühl gibt, gebraucht zu werden. Und sei es als Zielscheibe.

Es ist erstaunlich, dass nicht mehr passiert. Eingerechnet, dass diese unendlich trostlosen Wohnungen bis heute teurer sind als halbwegs menschenwürdige Altbauten, verwundert es, dass noch keine Barrikaden brennen. Vielleicht würde das aber keiner merken, denn es ist ja nur Tiergarten.

Das ist das eigentliche Problem des Bezirks. Nach der Wende wurde er vom Zentrum zur Innenstadtperipherie. Wie der taubstumme Bruder ist er immer da, aber niemand interessiert sich für ihn. Tiergarten braucht keiner mehr, jetzt, wo Mitte für Wichtige und Friedrichshain für Angesagte da ist. Gerade das könnte jedoch für Tiergarten zum Potenzial werden. Er ist ein wenig echter und unprätentiöser als das neue Zentrum. Wahrscheinlich ist aber der Moabiter Weg zur schleichenden Auslöschung der, den der gesamte Bezirk beschreiten wird.

NEUKÖLLN

Einer der häufigsten Bewohner Berlins fehlt bis jetzt in der Aufzählung: der Proll. Zu finden ist er überall in der Stadt, aber besonders in Neukölln. Prolls sind das, wovon sich der Kleinbürger um alles in der Welt abzugrenzen versucht. Sie prägen das Stadtbild Berlins mehr als in anderen Großstädten. Ist in Hamburg elitäres Gehabe und in München schleimige Arroganz gefragt, so ist Berlin unfreiwillig proletarisch. Wer ist dieser Proll?

Akademiker und selbstgerechte Feuilletonisten bekommen jetzt ein Leckerli: Es gibt den Proll nicht. Es gibt überhaupt kein Stereotyp. Wir sind doch alle so verdammt tolerant und verständnisvoll, dass jede menschliche Eigenschaft und jeder Unterschied ins All-Eins zurückfließt. Wir leben alle, verrecken alle, also singen wir zusammen das Hosianna der Alleinigkeit, in der nichts mehr gewusst werden muss und alles nur schön ist. Ihr wisst ja, die Postmoderne sagt uns, alles Sein existiert nur durch Sprache. Und die ist Verwertungseffekten unterzogen. Ich kann keinen Tisch benennen, ohne auf etwas anderes Bezug zu nehmen. In einer Welt, die aus dem Tisch besteht, gibt es keine Möglichkeit, ihn zu benennen, da es keinen Gegensatz gibt. Der Gegensatz muss sich wiederum auf einen anderen Gegensatz beziehen, und diese unendliche Sinnkette hört nie auf. Dazu stellen wir uns alle verschiedene Tische, Stühle und Arschlöcher vor und können nie zum wahren Verständnis des Gegenüber kommen. Wir können nie wissen, ob diese Welt real ist oder eine Matrix. Selbst wenn wir es herausfinden könnten, könnten wir es durch die Sinnverschiebung der Sprache nicht kommunizieren – oder uns in unseren in Sprache artikulierten

Gedanken nicht sicher sein, dass alles nicht eine Illusion wäre. Wie die Matrix eben, Lack, Leder, geil, gruselig.

Nein, meine Damen und Herren selbstgerechte Arschlöcher, so einfach ist es nicht. Wissen hangelt sich an Gegensätzen entlang im Bewusstsein, dass sie nur in bestimmten Diskursen von Belang sind. Auf alles bezogen macht nichts Sinn, da es keinen ultimativen Referenzpunkt gibt. Nehme ich aber an, dass meine Wahrnehmung ein kohärentes Weltbild schafft und eine hässliche, aber annehmbare Ichillusion aus meinem Hirn fließen lässt, dann macht es einen Unterschied, ob diese mit mit einem stumpfen Beil aus dem Schädel gedroschen wird. Heißt der Diskurs Berlin und das Thema Proll, dann sind Unterscheidungen sehr sinnvoll, sogar absolut notwendig. Nehme ich an, dass meine Ichillusion unglücklicherweise in Berlin gelandet ist, dann sollte ich wenigstens versuchen, nicht auch noch ein Proll zu sein.

Der umgangssprachliche Term »Proll« leitet sich unbewiesen und unberechtigt von dem Wort »Prolet« ab. Ein Prolet, das war ein gestandener Arbeiter. Er bewegte sich in der Diskursspanne von Maloche (Berlinisch: »Arbeit«), Bierchen, Bauarbeiterdekolleté, Stulle in die Fresse ballern und alles scheiße. Wie, als Charakterstudie ist das nicht tief genug? Es reicht aber völlig für den Proleten, da ist einfach nicht mehr.

Der Prolet hat ein ehrliches Leben, ehrliche Freude und ehrliches Leid auf der oberflächlichst-möglichen Ebene. Wir wollen auf keinen Fall faschistisch werden, damit das klar ist. Jeder Mensch hat das Recht auf Leben und so. Proleten interessiert das aber nicht sonderlich. Jeder Mensch hat nämlich auch das Recht, sein Leben gegen die Wand zu fahren. Stumpf im Mikrokosmos der eigenen kleinen Lohnarbeit zu vegetieren und es vorzuziehen, sich Gedanken und Meinungen aus der *Bild* und von RTL II zu leasen. Jeder hat das Recht, sich als Mensch zu völliger Unmündigkeit zu degradieren und sich den letzten Rest Hirn mit Ethanol wegzuätzen. Als individueller Verbraucher in einer der führenden Marktwirtschaften weltweit ist man trotzdem Teil der sich selbst konsumierenden Gesellschaft. Freiheit und Würde werden in der Wahl der Konsum-Entscheidungen getroffen, bei denen man zwischen festgelegten Alternativen frei wählen darf. Das macht der Prolet, und deswegen hat ihn die SPD lieb. Der Prolet war die kleinste Einheit der Gesellschaft, die immer zum Mitrollen animiert werden konnte und sich deswegen ein bisschen wie ein Mensch fühlen durfte. Über Generationen hat sich so ein Typ Mensch entwickelt, der vom System Warenfetischismus so domestiziert worden ist, dass er fast jede Eigensubstanz verloren hat.

Die inneren Widersprüche dieses Systems, der ständige Zwang zur Arbeit, der unbefriedigende Konsum und die Beschleunigung des Lebens zulasten der Reflexion über ihre Ziele bestimmen das Leben des Proleten.

Wenn eine Fernbedienung durch die Scheibe auf die Straße fliegt oder wütendes Geschrei den Hof entlanghallt, dann lebt der Prolet diesen Widerspruch aus. Er projiziert ihn auf alles, was einfach und naheliegend ist. Vorrangig andere Menschen der Umgebung, aber auch Fußball, das Arbeitsamt oder Stars und Sternchen. Bis auf die theoretisch tief befriedigenden Ausnahmen, die es irgendwo geben mag, zeichnet sich der Durchschnittsproll durch eine profunde Unfähigkeit zu logischem Denken aus. Er hat so viel *Beef* mit seiner Umwelt, weil Konflikte nicht gelöst, sondern kompensiert werden. Insofern ist er ein Erfolgsprototyp für die Konsumgesellschaft. Argumente sind um so besser, je lauter sie vorgetragen werden. Aggression ist die Verve, mit der Diskussionen entschieden werden, Gewalt die Ultima Ratio. Kohärenz, Kontinuität oder Nachvollziehbarkeit – mit derlei charakterlichem Ornament muss sich der Prolet nicht beschäftigen. Die dumpfe Unzufriedenheit mit dem eigenen Leben lässt ihn beschleunigt in zufällige Konflikte reinbrettern, in denen er ungesteuert seine überschüssigen Energien ablassen kann.

Die *getunte* Version des Proleten ist der Proll. Er ist noch markenfetischisierter, noch äußerlicher, noch leerer, noch schneller, noch aggressiver, kurz, das, was er für Leben hält, ist noch kitschiger.

Proleten hängen gerne in Jogginganzügen vor dem Fernseher oder, wenn sie auslaufende Modelle sind, am Fensterbrett ab. Da kann man sich schön aufregen, wenn etwas nicht dem Standard entspricht. Ab elf geht's ab in die Eckkneipe, da wird Bier getrunken. Nicht bis zum Umfallen, aber so viel, wie das Tagesbudget hergibt. Trifft der Prolet jemanden, dann wird geschrien. Grundlos, als Normallautstärke. Die typische Sprache der Proleten funktioniert wie ein Feuerspucker: Mit massig Volumen am Anfang und schnell absterbend zum genuschelten Ende. *Form follows function:* Der Prolet kommuniziert Emotionen. Die Weisheiten, die sich zwei Proleten in die Fressen schmeißen, stehen mit Sicherheit in der *Bild*, letzte Seite neben dem Tittenmädchen.

Im Gegensatz zum Proll ist der Prolet aber nicht besonders auffällig. Er desozialisiert sich mit seinen schwindenden Industriearbeitsplätzen selbst, und nur Mediamarkt wird ihn vermissen, weil er seine Flachbildschirme nicht mehr los wird.

Prolls hingegen sind der harten Realität des Lebens angepasst. Leben, das heißt für sie Straße. Da ist das Leben nicht leicht, Krieg ist die Devise. Hoes und Pimps müssen kämpfen, um zu leben, maskulin sein. KKS, einer der ersten Berliner Gangsterrapper, fasste das Leben eines Gangsters so zusammen: »Duck dich, denn ich schieße, Nigga!« Der Proll lebt mental in diesem Universum. Seine Sportjacke, seine Goldkette, seine aus dem Wifebeater hervorquellenden Muskeln und seine rasierten Augenbrauen sind seine Abschreckung, sie sind gemacht, um Sperrfeuern standzuhalten. Die Fitnessstudiostatur ist praktisch zu wenigen Bewegungen fähig. Doch da Abschreckung alles ist, stört das nicht weiter. Der Proll hat das Arschlochtum auf eine neue Stufe gehoben, indem er die Stadt zur permanenten Bürgerkriegszone gemacht hat. Wenn sich Flughafenstraße Ecke Hermannstraße die finstersten Exemplare sammeln, dann nicht nur, um Drogen zu verkaufen. Wie bei den Bullen, die im Schritttempo mit verdunkelten Scheiben vorbeiblubbern, geht es darum, Präsenz zu zeigen. Der einzige Unterschied ist, dass der Steuerzahler bereit ist, für die Verschlechterung des sozialen Klimas der Bullerei Unsummen pro Stunde zu bezahlen. In Berlin vermietet ein Polizist seinen Körper für 36 Euro die Stunde, bei sechs Einsatzbereiten für acht Stunden sind das 1728 Euro fürs Rumstehen.

Viel bewirkt wird auf beiden Seiten nicht. Selbst in den dunkelsten Ecken gibt es selten Schlägereien und Messerstechereien. Entgegen der Darstellungen von paranoiden Demagogen von der CDU sinkt das Gewaltniveau in Berlin stetig. Es ist eine einzige Pfauenschau, hier wird Genital im groben Stil kompensiert. Dabei ist nicht entscheidend, was für einen Schulabschluss jemand erschlichen oder wie viel er verdient geraubt hat. Bis der gefälschte Internethandel mit Handys auffliegt und der Knast in Tegel winkt, können schon ein paar Jahre vergehen. Bis dahin kann man mit einer orangefarben verquollenen Mercedes S-Klasse auf der Sonnenallee hin und her fahren und sich blamieren.

Das eigentliche Übel ist die totale Hingabe an die Nichtwerte einer verselbständigten Marktwirtschaft. Gröbstes Protzen, himmelschreiende Arroganz, Ignoranz gegenüber allem und jedem und ständig abrufbare Gewaltbereitschaft. Der Proll lebt im totalen Krieg. Massenweise vergiften sie die Atmosphäre der Stadt und reduzieren das menschliche Leben auf eine Aneinanderreihung von Klischees. Was alle teilen, ist die gleiche beschissene Zukunft. Die Flut von Autos, Handys und all dem sinnlosen Trash, der das Leben vermüllt, ist der Lebenstraum des Prolls. Wie Blutegel heften sie sich an jedes Statussymbol, das ihnen eine Pause von ihrem leeren Dasein verspricht. Was bleibt, ist nur mehr und mehr Frustration und Uniformität. Die gleiche Musik, die gleichen Kleider, die gleichen Ansichten, nur mit der Varianz der Irrationalität, die keine kausalen Zusammenhänge fassen kann. Denn ja, auch das Denken kann verlernt werden. Nicht, dass der Proll sich dabei vom überwiegenden Rest der Menschheit, oder gar dem Restberliner, unterscheiden würde. Aber er ist das extreme Zerrbild menschlichen Ausverkaufs.

Prolls balzen sich permanent an. Es ist erstaunlich, wie ungeniert Ungeficktheit ausgelebt wird. Dabei spielt es keine Rolle, wer angesprochen wird, nach der Verwertungslogik zählt Masse mehr als Klasse. So erklärt es sich auch, dass Prolls die Prolltussis auseinanderhalten können. Uniform deformieren diese sich mit tonnenweise Schmuck und modellieren sich aus Schminke groteske Clownsfratzen. Wird der Paarungsversuch abgeschlagen, geht die Strategie blitzschnell in Angriff über. Es wird dann aufs Übelste beleidigt und sich schnell verpisst. Die Emotionen sind austauschbar. Das Prollleben braust vorbei wie 20 zehnsekündige Handywerbespots: Schrill, hart und ohne dass irgendwas zurückbleibt als das diffuse Gefühl ständiger Unterbefriedigung.

Das ist also Neukölln. Wieso, um alles in der Welt, fragt der Altberliner sich, will irgendjemand sich das geben? Wieso ziehen Hipster aus aller Welt frenetisch in das eng bebaute Altbaugebiet zwischen Autobahnen und Stadtmitte, das mit seinen Feinstaubwerten Moskau Konkurrenz macht? Wieso schießen Bars mit fränkischen Spezialitäten, ehrlicher Nettigkeit, die nur darauf wartet, enttäuscht zu werden, und doppelt über dem Neuköllner Preisniveau liegendem Bier aus dem Boden? Wo passen all die neuen Clubs hin, wen interessieren sie?

Mal wieder sind es die bösen Spekulanten. Die haben Kreuzberg aufgekauft! Wer da gerne wohnen würde, wohnt jetzt in Neukölln. Das ist hässlicher, vollgepisster und stressiger als Kreuzberg. Dafür lebt es noch. Natürlich ist es auch die Verwaltung, die Investoren diese Stadt wie eine alte Nutte zu Füßen legt. Wowereit und seine neuen Faschokumpels wollen Gesocks wie Studenten, Ausländer, Arme und alles unwerte Leben aus der Stadtmitte raus haben. Gibt es in München besetzte Häuser im Stadtzentrum? Na also. Wichtiger ist vielleicht der Coolnessfaktor. Der setzt sich aus Kreativdefizit,

Herdentrieb und Abgeschmacktheit zusammen. Auf Hipster wirkt er wie ein Magnet. Sie haben ihre Galerien und Bars aufgeschlagen und bieten sich zum Verkauf. In der Weserstraße kann an jeder Ecke das Intimste einer verlorenen Seele teuer erstanden werden. Leider ist es trotz des Preises bahnbrechend uninteressant.

Neukölln, du alte Hure, du wirst jetzt richtig durchgenommen. Mit blankem Unverständnis blickt die elende Neuköllner Altbelegschaft auf den seit ein paar Jahren abgehenden Zirkus. Sie verstehen kaum, dass der ganz eng damit zusammenhängt, dass sie bald ihre Wohnung verlieren. Märkisches ist aber auch nicht schlecht, oder? Schöne Aussicht und viel Höhe, um sich totzustürzen. In Neukölln hat man immer noch gute Chancen, wenn der vierte Stock nicht gereicht hat, mitzubekommen, wie Organhändler sich an einem bedienen wie auf dem Altobstmarkt am Hermannplatz. Der wiederum ist die echte Version von dem Spektakel am Maybachufer, wo inzwischen das Karma im Preis eingerechnet ist. Diese Spitze von Neukölln, die sich tief in den Torso Kreuzbergs reinbohrt, nennen Idioten Kreuzkölln. Die Aufwertungswelle, die Marketingexperten damit lostreten wollen, entwickelte sich auch so. Das macht den Reuterkiez zum gesichtslosesten Viertel Neuköllns. Hier wohnen die, die es sich leisten können, den Hipsteraufschlag zu zahlen. Nach dem Markt wird Yoga am Fluss gemacht und danach sich am besten ertränkt. Sturmgeschwader von Kinderwagen rollen über die dunklen kleinen Straßen hinweg und planieren sie mit Wohlfühlatmosphäre. Die Messerkiddies der unweit stehenden Rütli Schule haben es nicht geschafft, ausreichend Angst zu schüren, um sie zu verscheuchen. Moderne Muttis lesen *taz* und nicht *Bild*. In Tempelhof floss der Angstschweiß bestimmt in Strömen.

Im Café steckt sich wer eine Kippe an, nur um vom postertauglichen Kellner superduperfreundlich aufgefordert zu werden, das sein zu lassen. Scham breitet sich aus und kriecht die extra abgeschlagenen Wände hoch. Der Kellner dreht seine

Runden, um bei allen, aber auch wirklich allen im Raum nachzufragen, ob das Fenster ein bisschen geöffnet werden darf, aber nur so viel, dass es nicht zu kalt wird. Wer hier ja sagt, ist ein Hipster. Der Medientrash fabuliert gerne darüber, dass der Hipster immer das andere ist, niemand es sein will und jeder es doch irgendwie ist. Nicht so schlimm, Kinder, Hornbrille aufsetzen und durch.

Nichts könnte falscher sein. Hipster lassen sich klar eingrenzen, und sie sind die Hölle: Aus den kreativen Typen, die Berlin nach dem Mauerfall besetzten, wurden ganz schnell Huren der Kunstindustrie. Idealerweise wird Kunst nur für die Kunst selbst produziert, als Ausdruck eines Empfindens über die Welt und als sinngebendes Element in einer sonst ach so sinnlosen Welt. Die meisten Künstler sind egozerfressene, minderwertige Murkel. Weil sie nicht genug Geld haben, um mit einem Vergewaltiger herumzufahren, oder nicht den Arsch in der Hose, selbst einer zu sein, müssen sie ihre Komplexe eben durch Kunst kompensieren. *L'art pour l'art* am Arsch. Das hat für den Künstler den Vorteil, dass er furchtbar tief und weltschmerztriefend erscheinen kann, so dass sich Tussis für ihn interessieren, die ihn sonst nicht mit dem Arsch ansehen würden. Stellvertretend für den edelsten aller Zwecke kann er seinen Gedankenmüll jedem ins Gesicht wichsen und erfährt dafür sogar noch Dankbarkeit. Es war eine Marktlücke: Die widerlichste und dreisteste Art des Exhibitionismus wurde bezahlt. Was kann es für ein Arschloch besseres geben, als Geld dafür zu bekommen, ein Arschloch zu sein?

Wenig. Daher wandelte sich die Kunstszene schnell zu einem Kunstmarkt. Für das Berliner Stadtbild hatte das zur Folge, dass die Galerien bald kaum mehr von den internationalen Modeketten an der Rosenthaler Straße zu unterscheiden waren und etwa so viel Kreativität bargen wie ein McDonald's. Das wäre an sich kein Drama. Leider zog der Immobilienmarkt nach. Wer noch kreativ sein oder in den ehemals gemütlichen Quartieren leben wollte, sah sich früher oder später genötigt, im Lotto zu gewinnen, da er es sich sonst nicht mehr leisten konnte. Das Leben trocknete besonders aus der neuen Mitte heraus aus, zurück blieben starre Verkrustungen, die aussehen wie in jedem anderen totkapitalisierten Stadtzentrum der Welt. Der Hackesche Markt ist eine Blaupause für Ödnis.

Menschlich machte das die Berliner erneut ein bisschen schlechter. Nicht zu vergessen, immer wenn es in Berlin kurz bergauf geht, folgt ein harter Sturz aufs Pflaster. Dass die Zähne splittern.

Der neue Typus des Berliners war der Hipster. Er musste nicht zwingend aus Berlin kommen, sondern nur ab und zu hier wohnen, wenn er nicht gerade in Barcelona, New York oder London Vernissagen, Konzerte oder seinen Landsitz besuchte. Hipster sind der letzte Rest, den der kreative Prozess zurücklässt, die Ausscheidung verstorbener Kunst. Jedes kreative Potenzial geht ihm ab, bis auf die Selbstinszenierung. Ein Hipster sieht genauso aus, wie man gerade aussehen soll, aber noch ein bisschen der Mode voraus. Das ist seine Uniform. Hornbrillen, Stoffbeutel, Leggins oder gestreifte Pullover, alles, was nicht zu funktional ist, ist dem Hipster angemessen. Der jetzige Trend liegt irgendwo zwischen Nerd und behindert, bei garantiert völliger Asexualität. Frauen müssen aussehen wie der frühe Bill Gates und Männer eigentlich auch. Dabei muss ihnen die Körpersprache des schlimmsten schwulen Stereotyps ins Blut übergegangen sein, wofür sich selbst die schlimmsten stereotypen Schwulen noch schämen würden. Hipster sind nicht unbedingt schwul, aber sie sind Schwuchteln. Sie bedienen die Klischees, die wirklichen Schwulen dann das Leben schwer machen. Im harten Kampf um das beste Aussehen muss man sich so weich wie möglich geben, Konsens ist das ästhetische Non plus ultra. Hipster sind die personifizierte Geste der Kreativität ohne jeglichen Inhalt. Dabei sind sie natürlich nicht so protzig wie die neureiche Ostblockschickeria, sondern man versucht *vintage*, studentisch-ärmlich-kreativ, in einem Wort: künstlerisch auszusehen. Der Hipster ist paradox: konform, aber immer neu, *avant-garde,* aber konservativ, möchtegernkünstlerisch, aber voll durchkapitalisiert. Passt sich der Hipster damit der postmodernen Welt an, in der alles nur Chimäre ist? Illusion ist Realität, Möglichkeit Fakt und alles nur ein Spiel von Zeichen?

Nein, der Hipster ist ganz simpel sinnentleert. Niemand möchte Hipster genannt werden, da diese Subkultur nicht einmal einen identifikatorischen Kern hat, nur Show ist. Mussten Hippies noch an ihren Idealen oder Drogen scheitern, Punks von Bullen weggeknüppelt und von Modelabels absorbiert werden, so ist der Hipster von Anfang an identitätslos gewesen. Damit war er wie für den Markt geschaffen, auffüllbar mit was immer dieser wünschte. Hipster kann jeder werden, man muss sich nur scheiße anziehen, in scheiß Bars gehen und Scheiße reden. Und – ganz wichtig – in Berlin wohnen. Berlin ist die Welthauptstadt der Hipster. Es wird genauso leer und gesichtslos wie die Hipster selbst. Das Hipstertum gebiert neben Langeweile und Kaufkraft nur eins: sich selbst. Das alles ist nur eine Variation des Snobismus, obwohl das kein Hipster aus Coolnessgründen zugeben könnte. Sie schleifen die Stadt subtil ab. Es gibt kaum Gegenwehr, da man am Hipster nichts wirklich angreifen kann. Was soll man machen, wenn jemand beschließt, ein nichtssagendes, modegeficktes Arschloch zu werden? Einer wäre auch nicht weiter tragisch, aber Millionen davon zerstören die Stadt.

Da flüchtet man sich lieber an den Hermannplatz. Der ist seines Zeichens ebenso hässlich wie unangenehm, um ihn erstreckt sich ein dichtbebautes Altbaugebiet. Hier ist es lebendig wie in einem madenzerfressenen Kadaver. Mittendrin sitzt die fetteste Made, Buschkowski, und drischt mit der Sozialchauvinismuskeule auf die Einwohner ein. SPD auf Doppelrahmstufe. Der Flughafenkiez ist seit der Öffnung des Flugfeldes primäres Ziel für Investition. Es wird geschleift, was das Zeug hält, in ein paar Jahren werden die Bewohner nach Monaco verdrängt werden.

Auf der anderen Seite des Hermannplatzes läuft die Weserstraße bis hinunter in unappetitliche Tiefen. Davor ist sie schlichtweg grauenhaft. Zu junges, zu gutaussehendes, zu mittendrin seiendes Publikum schleift sich von einer Hipsterbar zur nächsten und versucht, seine Belanglosigkeit wegzusaufen. Geradezu angenehm sind der vollgeschissene Körnerkiez weiter draußen oder der Flughafenkiez. Wenn nicht vergessen, so sind diese Stadtteile wenigstens nicht vollkommen überrannt. Mittendrin sitzt wie ein fetter Tumor das Rollbergviertel. Als Monster aus den Siebzigern garantiert es ein Mindestmaß an Elend. Dekaden stand es synonym für die absolute Endstation. Die gleichnamige Kneipe um die Ecke wurde neulich abgebrannt. Das ist die Neuköllner Art, die Versicherung zu kündigen. Mittlerweile ist es ein wenig besser. Großbürgerliche Rentner-WGs versuchen die Extegration der Bewohner zu mindern. Erfolg zu erreichen ist verständlicherweise schwer, angesichts einer medialen Öffentlichkeit, die nach Ausgegrenzten lechzt.

Ganz unten dümpelt noch Rixdorf, das historische Neukölln, herum. Die alten Scheunen und gedrungenen Bauernhäuser sind paralysiert von der aus dem Boden gestampften Stadt um sie herum. Mental Paralysierten gefällt das, und sie ziehen gerne dorthin. Man kann dort sogar ein wenig dem Snobismus frönen, es gibt eine Handvoll teure Restaurants. Wenn es einem nicht zu peinlich ist, sich als die größte Fliege in der Scheiße aufzuführen. Wirklich gut ist nur das Schnitzelrestaurant mit klobrillengroßen Schnitzeln. Der Inhaber lässt unerfahrene amerikanische Touristen auch schon mal eins umsonst haben, wenn sie es aufessen können. Falls nicht, wird das Handy zerstört, aus purer Missgunst. Ein echter Österreicher eben.

Es folgt: die Autobahn. Eindrucksvoll zeigt sich an Britz, was diese antiquierte Art der Fortbewegung städtebaulich verursacht. Der Krampf, der sich in Britz abspielt, macht diese Gegend, obwohl sie eigentlich wohlhabender ist als das berüchtigte Nord-Neukölln, noch unattraktiver. In alle Richtungen verstopfen Blechlawinen die Straßen. Die Gründerzeitbebauung läuft unmotiviert aus und geht in ebenso uninspirierte Westplatten- und Nazigroßsiedlungen über. Damit feiert sich Britz auch noch. Die Hufeisensiedlung ist sein ganzer Stolz. Das ist Langeweile in abgerundeter Abschottung. Hierhin zieht es alle Rentner, die sich nicht mal mehr Tempelhof leisten konnten. Nun starren sie grimmig auf alles, was noch lebt.

Noch ein Stückchen weiter raus beginnen Buckow und Rudow. Für sie gilt das gleiche wie für Marienfelde und Lichtenrade, nur noch mieser. Selbst die Plattensiedlungen sind noch gigantischer, noch trostloser und lebensfeindlicher. Christiane F. wuchs hier in Gropiusstadt auf. Herr Gropius selbst fand es geil, Menschen auf rationalisierte Wohnsubjekte zu reduzieren, das Produkt musste unweigerlich in Drogensucht enden.

Was Britz, Buckow und Rudow gemeinsam haben, ist die profunde Ablehnung Nord-Neuköllns. In den Altbauquartieren, denken sie, da leben die Ausländer, Arschlöcher und Penner. Dabei ist dieser Teil Neuköllns der einzige mit Zukunft. Auch wenn diese nur im Ausverkauf besteht, immerhin interessiert es irgendjemanden. Der Rest Neuköllns ist einfach nur fertig.

Zu tun gibt es in Neukölln so einiges. In ein paar Punkerbars, die aber ums Verrecken hier nicht beschrieben werden, da sie dann sofort mit Idioten überfüllt sein würden, ist echte Kreativität zu finden. Auch der eine oder andere Club hat sich angesiedelt. Wer Bock auf standardisierte Menschen sowie auf standardisierte Drogen hat, kann sich da zu fantasielosen Raves einfinden. Ein Rave ist ein guter Vorwand, sich vollzuknallen, da die Musik meist nur dann erträglich wird.

Was Neukölln aber wirklich bietet, ist ein kleiner Urlaub von den Berliner Arschlöchern. In den arabischen Imbissen, kramigen Second-Hand-Läden und in den Parks voller Psychopathen hat man ein bisschen Ruhe vor der allgegenwärtigen deutschen Ordnungswut. Neukölln ist immer noch hinreichend *abgefuckt*, dass sich (selbsternannte) Autoritäten nicht um jeden Dreck kümmern können.

SPANDAU

Nicht nur geografisch betrachtet wäre es ganz schön weit hergeholt, Spandau als Berlin zu bezeichnen. Es liegt ungefähr so weit ab vom Schuss wie Königs Wusterhausen, Potsdam oder Oranienburg. Mit seinen 226914 Einwohnern (2011) könnte es also ebensogut eine eigene Stadt sein. Es gibt allerdings einen entscheidenden Unterschied: Spandau war Westen. Das hat zumindest die britische Siegermacht früh genug nach dem Zweiten Weltkrieg mal behauptet, und so blieb es dann auch.

Deshalb führt die U7 bis zum Rathaus Spandau so weit in die Peripherie, dass sich andere U-Bahnlinien mit Grausen abwenden würden. Spandau liegt weit hinter Charlottenburg und Reinickendorf hinterm Wasser. Durch ein verödetes Industriegebiet muss der Mutige hindurch und wird dafür nicht mal belohnt. In Spandau gibt es eine deprimierende Altstadt, die an jeder Ecke in Brandenburg besser aussieht. Dazu erstaunlich viele Siebziger-Jahre-Mietskasernen, in denen freiwillig Extegrierte wohnen. Auch Reihenhaussiedlungen sind vorhanden, Spandau ist ein Abbild von Berlin ohne durchmischtes Zentrum in Klein und trostlos. Noch trostloser. Genau, zum sofort tot umfallen. Nur die Plattensiedlungen sind erwähnenswert, die sind richtig übel. Die Ostplatten hatten das Glück, neu geschminkt zu werden, die in Spandau nicht. Es gründet sich ein kleines Moskau in Spandau, so macht es die Runde. Und warum auch nicht? Schlimmer kann es kaum werden. Wenn sich mal wieder zwei Besoffene abgestochen haben, hat der Spandauer wenigstens was zu reden. Es wäre sonst nur eine Frage der Zeit, bis sie sich gegenseitig abstechen würden, einfach nur damit was passiert.

Einmal im Jahr ist Spandau König von Berlin. Dann, wenn der Weihnachtsmarkt die Altstadt besetzt und ein Fest, auf das eh die meisten Berliner spirituell scheißen, vollends in eine Shopping-Fress- und Saufhölle dysfunktionalisiert. Den Berlinern geht Religion sowieso ab, was an sich ganz gut ist, aber selbst das Fest der Versöhnung wird verramscht. Es kann keinen Gott geben, der diese Scheiße, die mein Leben darstellt, zulässt, denkt der Berliner, und kippt sich noch drei Jägertee. Interessanter sind die Gassen der Altstadt, sobald der Jahrmarkt weg ist. Allerlei bunte Gestalten aus den finsteren Ecken mieser Kleinstädte dieser Welt fühlen sich hier wohl. In den kleinen Seitengassen der Altstadt, weg von der totsanierten Fußgängerzone, findet man den ein oder anderen Puff: in Spandau eine echte Überraschung mit Spiel, Spaß und Spannung. Noch tiefer drin lümmeln zwielichtige Bars und Spielotheken. Schon um neun Uhr abends werden hier die Besoffenen von ihren Kumpels gestützt, weil sie nicht mehr laufen können. Das alles passt nicht zu Spandau, zumindest nicht zu dem, wie der Spandauer sich sehen will und auch lange Zeit und Grund hatte sich zu sehen. Fährt man eine der monströsen Straßen Richtung Brandenburgische Steppe raus, kommt man an einem Baudenkmal vorbei, das wie nichts anderes die Zerrissenheit Spandaus zeigt. Triste Hochhäuser wechseln sich mit traurig weggeduckten Einfamilienhäusern ab, nur eins steht hell leuchtend am Straßenrand: Es ist eine Spielothek. Wenn etwas die ranzige Urbanität Berlins am besten verkörpert, dann Spielotheken. Die Bulemiemedien und Karnevalspolitiker regen sich tierisch über sie auf, da sie das eh schon kaputte Stadtbild noch weiter verschandeln sollen. Die gleichen Idioten haben nichts gegen das tausendste monströse Einkaufszentrum in der Stadt oder ein hunderte Millionen Euro kostendes Stadtschloss. Im Gegensatz zum Stadtschloss, bei dem der Senat noch nicht mal weiß, wie es genutzt werden soll, haben die Spielotheken immerhin eine Agenda: Geld waschen. Darum ist da selten wer drin, es sei denn, es gibt Sportwetten. Dann wird gewettet, Geld gewaschen und das pure Böse ausgeheckt. So zumindest wollen es im intellektuellen Tiefdruckgebiet die gleichen Arschlöcher der Öffentlichkeit weismachen, die ihre Regierung mit korrupten Notaren wie Ex-Senator Heimann, bei Nazi- und Geheimdienstmoden lügenden Postfaschisten wie Henkel und haufenweise intransparenten Gaunern spicken. Wenn in den Spielotheken nur hab so viel Kriminelles ablaufen würde wie in den Chefetagen von Medien, Politik und respektabler Wirtschaft, befände sich Berlin im Bürgerkrieg.

Trotzdem: Spielotheken dürfen jetzt nur noch fünfhundert Meter auseinander stehen, hoho. Am Rathaus Neukölln findet man sogar vier nebeneinander, in Spandau kannte man sie bis vor kurzem gar nicht. Und genau das macht diese eine Spielothek so faszinierend. Sie hat bestimmt einen autistischen Tante-Emma-Laden verdrängt und traumatisiert jetzt die solide Anwohnerschaft drumherum. Sicher gibt es tumultartige Szenen auf Bürgerversammlungen. Gleichzeitig ist sie aber auch ein Vorposten des urbanen Unheils, eine Anlaufstelle für die ganzen verkrachten unterste Mittelklasseexistenzen, die sich von Zuhause flüchten müssen. Flüchten vor den verzogenen Kindern, die mit der neuen Spandauer coolen Clique am Bahnhof Butterfly machen und sich Klebstoff reinballern, flüchten vor der aufgedunsenen Frau, die jetzt, da in der Krise die Knete nicht mehr reinkommt, ihre Abscheu vor ihrem früh gegärten Mann nicht mehr verbergen kann, flüchten vor dem ganzen gescheiterten Vorstadtkonzept. Eine Zeitlang hat es in der historischen Ausnahmesituation Westberlin so gut ausgesehen für Spandau. Jetzt zeigt sich, dass eine Stadt aus Hochhäusern und Einfamilienhäusern, ohne mittlere Stadtbebauung wie eine Gesellschaft ohne Mittelschicht ist: ein Aufreiben der Extreme. Was nützt dem Spandauer im Falkenhagener Feld der Blick auf den Spektsee im riesigen Park vom Häuschen aus? Gleich daneben werfen voll Fertige ihre Wodkaflaschen aus den Hochhäusern auf seine Trasse. Geht er spazieren, sieht er Bullen in sexy Schutzwesten, die auf den Hinterkopf des minimal sympathischen Typen zielen, der mit den Händen hinterm Kopf neben seinem Roller steht. Noch harren die alten Spandauer aus, aber es werden immer weniger. Man findet sie an den kränklich beleuchteten Imbissbuden, die an unsagbar gesundheitsschädigenden Orten verstreut in Spandau liegen. Wenn schon off, dann richtig: Sie scheinen die Konsumgesellschaft herauszufordern. Bis wohin traut sie sich? Erstaunlicherweise bis ins letzte Eck. Da halten die letzten alten Spandauer sich dann an ihrem Bier fest und stopfen sich mit in seinen eigenen Arsch gepresstem Schwein voll. Argwöhnisch verfolgen ihre Blicke jeden Fremden, und hier ist fast jeder fremd. Spandaus Tragödie ist die eines überfetteten Dorfes. Es ist Berlin in der Billigversion, ohne das Wenige, das der Rest zu bieten hat.

Selbst dass der Flughafen Tegel geschlossen werden soll, wenn genug Milliarden verballert sind, hilft nicht. Fluglärm ist in der Sprache der Spandau bevölkernden Nachkriegsgeneration noch immer ein Zeichen von Fortschritt und somit wünschenswert. Ohne Flughafen fühlt man sich hier nur noch einsamer. Der Kopf kann ja nichts außer arbeiten und konsumieren, und wenn es nur Lärm ist. Da hilft es auch nicht, wenn Spandau versucht, seinen Innereien affige Namen zu geben wie dem Grützmacher Park am U-Bahnhof Haselhorst. An ihm vorbei läuft die legasthenische Nonnendammallee, die Schnellstraße ins Elend, die sich nicht entscheiden kann, ob sie nun Damm oder Allee, Stadt oder Dorf ist. Sie brilliert mit allem, was mit Autos zu tun hat, durch seine Abgeschiedenheit zwangsweise das dominierende Lebensthema des Spandauers. Riesige Waschanlagen erinnern an Russenkasernen, man kann sie sich gut verwaist vorstellen. Die Ersatzteilhändler sind was für Mad Max Liebhaber. Die schiere Anzahl von Metallteilen lässt einem den Kopf schwirren. Optimal den Platz ausnutzend, sind sie übereinander gestapelt und lassen nur enge Pfade frei. Da wird man dann reingeschickt, wenn man den Fehler macht, was zu wollen. Der Typ am Eingang wird es einem garantiert nicht zeigen, er hat Wichtigeres zu tun, seinen Kippenfilter rauchen oder uralte Nacktkalender ansehen, zum Beispiel.

Der einzige Ort, wo Ereignisse stattfinden, ist die Zitadelle. Selbstgerecht von den Alliierten zum größten Teil weggesprengt, weil Rudolf Heß bis in die Achtziger im Knast verfaulte, ist es heute ein Veranstaltungszentrum. Große Mauern, von Flüssen umgeben, hätte es eine gute Idee sein können. Der anwohnende Spandauer sah das aber anders und überhäuft die Betreiber mit Lärmschutzklagen. Spandau, da geht man nur zum Sterben hin, und dabei ist gefälligst Ruhe.

Das Einzige, was Spandau je hervorgebracht hat, sind die Ärzte und Icke und Er. Das ist eine debile Band, die Weisheiten postuliert wie: »Ick brauch keen Hawaii«, weil Spandau bringe es ja auch. Der perfekte Soundtrack zum Untergang in der Spree.

TREPTOW – KINDER UND KOKS

Zwischen Köpenick und Neukölln quetscht sich Treptow von der Stadtgrenze bis an Kreuzbergs mit Pauschaltouristen infiziertes Hinterteil. Der ehemalige Mauerbezirk mit dem einzigen noch stehenden Grenzturm ist bis auf eine riesige Ausfallstraße, das Adlergestell, nicht viel. Das Adlergestell selbst ist eine integrierte Autobahn, wie sie in der DDR gerne gebaut wurde. Der Unterschied zu einer normalen Autobahn: das völlige Fehlen von Lärmschutz und viele Ampeln, an denen man wegen der trotzdem erlaubten hohen Geschwindigkeit gut Passanten umfahren kann. Hinter dem Treptower Park zieht es sich bis zum Flughafen Schönefeld raus und wird dabei immer uninspirierender.

Im Stadtzentrum fängt Treptow mit ein paar herrschaftlichen Villen an der Elsenbrücke an, die vereinzelt zwischen den überdimensionierten Straßen stehen. Das einzig Gute sind die ebenfalls überdimensionierten Alleen, die größten Berlins. Dieser Teil Treptows war so was Ähnliches wie repräsentativ. Große Leute brauchen große Bäume und einen großen Park. Das ist der Treptower Park auch, besonders wenn man den angrenzenden Nichtwald Plänterwald dazunimmt. Ruhe kommt trotzdem nicht auf, zwei riesige Straßen zerschneiden ihn und sorgen dafür, dass das nervige Bäumerauschen nicht zu hören ist. Am Ufer der Spree tummeln sich Jogger und wünschen sich, sie würden gegenüber in Alt-Stralau wohnen, einer sterilen Townhouse-Retortensiedlung. Die ist das architektonisch umgesetzte Joggerleggins-Outfit. Ausflugsboote halten hier. Ab und zu gehen sie unter, eine Kunst, wenn man bedenkt, wie langsam und berechenbar der Kanalschiffsverkehr ist. Der Berliner schafft das trotzdem. Ebenfalls bald absaufen werden die Hausboote der Freaks, die mittlerweile so dicht gedrängt stehen, dass man in Gropiusstadt eine bessere Aussicht hätte. Wer sich die volle Dröhnung geben will, kann sich das sowjetische Monument im Park ansehen. Riesige Statuen zwischen Rom-, Nazi- und Sowjetkitsch vermitteln dem Besucher, wie klein er doch ist. Besser die Schnauze halten. Der »Zenner« an der Spree war zu Ostzeiten eine Adresse von Rang. Jetzt ist Burger King drin und kündet von der Kapitulation vor dem Kapitalismus. Und macht zu allem Überfluss nachts auch noch zu. Treptow ist eben Randberlin.

Richtig lustig ist eigentlich nur der alte Spreepark. Ein typisches Berliner Lehrstück über das Leben. Die Familieninstitution in der DDR passte sich an die Anforderungen einer Marktwirtschaft an. Der Besitzer und sein Sohn, flexible Unternehmergeister, sprühten vor innovativen Ideen. Bei einer ihrer besten wurden sie leider erwischt: Der Fliegende Teppich war voll mit kiloweise Koks. Wenn die armen Kinder das gewusst hätten, der Rummel hätte ihnen bestimmt noch viel mehr Spaß gemacht ... So ging das aber natürlich nicht, bescheißen darf man erst ab Bankengröße, und so winkte Knast und der Spreepark wurde geschlossen. Dabei gingen sie schön geordnet vor: Erst bauten sie den halben Park ab, um die Geräte »reparieren« zu lassen. Dann verschifften sie den ganzen Rummel nach Peru, wo sie prompt scheiterten ihn aufzubauen. Der fliegende Teppich muss sie inspiriert haben, und so packten sie 167 Kilogramm Egozucker rein und ab damit nach Deutschland. Objektiv eine verdammt lustige Idee, die spaßbefreiten Zöllner sahen das aber nicht so. Der Sohn sitzt jetzt zwanzig Jahre im peruanischen Höllenknast ab. Was lernt man daraus? Die Schlechte-Witze-Gestapo ist wach wie nie. Vattern hingegen darf jetzt erstaunlicherweise wieder Verwalter des Spreeparks spielen, was auch immer das beinhaltet. Die Wirtschaft weiß eben, dass man die besten Leute bei Laune halten muss.

Das verwildernde Gelände ist seitdem ein postnukleares Alptraumszenario und lockt mit pseudokünstlerischen Kommerzevents. Die verlassene Villa nebenan eignet sich WIRKLICH ÜBERHAUPT NICHT EMPFEHLENSWERT ZUM DARIN HERUMSTREUNEN ...

Versteckt zwischen dem Park und Neukölln liegt Alt-Treptow. Ein paar vergessene Altbauen und nur mittelmäßig grauenhafte Ostplatten bildeten das relativ angenehme Viertel. Kein Wunder, dass es schnell von Feinkostfetischisten überrannt wurde. Der Bauwagenplatz Lohmühle leistet noch Widerstand gegen die Räumung, wirkt aber jetzt schon wie ein Ufo.

Stadtauswärts kommt eine ganz Weile das Ostäquivalent zu Britz: nichts. Die traurigen paar Straßen, die sich am nächsten S-Bahnhof Schöneweide nennen, schimpft der Berliner Schweineöde. Ausnahmsweise hat er recht. Immer noch eine veritable Nazigegend, wird es aber auch dort immer öder und die schleichende Verkurortung setzt ein. Nicht unschuldig daran ist die auf der bösen Köpenicker Seite ansässige Schauspielschule, die schwallweise bornierte Murkel durch das Viertel spült. Wer sich den Film geben will, kann sich an einem nicht zu deprimierenden Tag an einen Platz setzen und zusehen, wie fertige Altberliner die schwuchteligen Studenten ansehen wie Mondkälber. Da trieft pures Unverständnis aus den von Wurst genährten dicken Backen. Die kommunikative Botschaft der Tribals, dem Unterschichtenstempel, will bei den Studenten partout nicht ankommen. Noch hübscher läuft das vor dem Henker, der ortsansässigen Nazikneipe ab. Die Nazis überkommt die blanke Angst vor Bildung. Nichts bringt ihre Komplexe besser zum Vorschein als jemand, der seinen Namen richtig schreiben kann.

Und dann? Johannisthal, Adlershof, Glienicke? Bitte nicht. Man könnte jetzt die Geschichte rauskramen, wie die Amis unter den Russen in Glienicke einen Tunnel gegraben haben, die das eh schon wussten, aber die kennt jeder. Genauso sind jedem die x-beliebigen verstädterten Dörfer dieser Peripherie bekannt, jedes weitere Wort darüber wäre Zeitverschwendung wie das Leben dort. Außer vielleicht das DDR-Biotop um die Bibliothek Glienicke. Riesige Platten in Ostgrau und verwaiste Innenhöfe lassen einen die letzten dreißig Jahre im Nullkommanichts vergessen. Wer also zu gute Laune hat, ab nach Glienicke. Das muss man Glienicke auch zugute halten: Es schreckt schon von weitem ab. Das Erste, was Anreisende vom Flughafen Schönefeld aus sehen, sind riesige Platten, die wie verfaulte Zähne in der Landschaft stehen. Fährt man auf der Autobahn, wird man gnädigerweise fast durchgehend von Sichtschutzwänden vor der Vorstadt geschützt, ahnt aber, dass es nichts Gutes zu bedeuten hat, wenn sich eine Stadt verstecken muss. Grünau hat einen Vorteil, hier kann man mit der Tram bis direkt in den Wald fahren. Der ist zwar vermüllt und voller Berliner, aber besser als gar nichts.

Vor Treptow liegt der Flughafen Schönefeld. Der ist klasse, denn so viel Mühe man sich bei der Aufwertung gegeben hat, hier schwingt immer noch ein sozialistischer Vibe durch die Gänge. Die schrill reingeklatschte Konsummeile kann das nicht verdecken. Selbst wenn man zu seinem Flieger durch Burger King gehen muss, spätestens an der wackelig angelegten Fußgängerbrücke, oder wenn man zu Fuß zum Flieger laufen muss, merkt man, dass die Optimierung hier noch nicht weit gekommen ist. Zu allem Überfluss steht auf dem Flugfeld noch ein Herrenhaus. Leider haben das verschiedene Arten von Bullen besetzt, die mit ihren schweren Waffen für die nötige Ungemütlichkeit sorgen. Seit der allen Rechten und Gesetzen widersprechende Abschiebeknast da ist, hoffen sie, vielleicht wenigstens mal einen ausbrechenden Neger erschießen zu können. Denn die Hoffnung auf einen terroristischen Anschlag haben sie aufgegeben, selbst Al Qaida findet Schönefeld bestenfalls putzig.

Der neue Flughafen Schönefeld verspricht, mit allen Vorteilen Schönefelds endgültig aufzuräumen: Es wird ein Flughafen wie überall sonst auch, finanziert mit Steuergeldern und über hohe Flugpreise. Wenn er denn jemals fertig wird. Es kann nicht verwundern, dass die Eröffnung sich immer weiter verschiebt: Was erwartet man, wenn erwiesenermaßen korrupte Arschlöcher die Stadt zugrunde regieren? Was passiert, wenn Subsubsubunternehmer Brandschutz für 'n Appel und 'n Ei hinklatschen sollen? Wenn Politiker in Aufsichtsräten sitzen, keine Ahnung haben, und auch nicht persönlich für ihre Fehler haften müssen? Für die Berliner ist das ein Glücksfall, auch wenn die Mehrheit das nicht kapiert. Ihnen bleiben noch kurz Lärm, Abgase und noch mehr Touris erspart. Aber wenn selbst Lichtenrader gegen Fluglärm demonstrieren, dann hat der Flughafenbau doch was bewirkt. Die Zeit, in der autoritär nichtsnutzige Großprojekte durchgewunken werden, könnte in Berlin schon in wenigen Jahrhunderten vorbei sein.

Zum Schluss besser schnell zurück in die Innenstadt: Nahe Kreuzberg gibt es noch die *Arena Treptow*. Ein dauerpleitierendes Verlustprojekt, dass das Badeschiff in die Spree geschoben hat. Das ist das Stahl gewordene Eingeständnis einer verlogenen Stadt: Sie vergiftet ihre Flüsse und badet in der Chlorsuppe darauf. Die gleiche Absturzmischung aus »Börlin-is-so-greeeeet«-Touris und Lackaffen kann man im Club und im Schiff finden. Besser setzt man sich an die totsanierte Promenade zwischen Badeschiff und den Treptowers und glotzt das versunkene Schiff im Wasser an. Schon Falco wusste: »Denn wer sich retten tut, der hat zum Untergang kein Mut!«

FRIEDRICHSHAIN: URLAUB AM BETONSTRAND

Du bist jung, kreativ und schön? Mode ist Teil deines Charakters, und dein Papi zahlt es dir auch mal, wenn du in einer Bar sitzt, in der man die Retromöbel kaufen kann? Beim Anstehen vor den Clubs an der Revaler überkommt dich ein wohliges Prickeln wie vorm Sommerschlussverkauf?

Dann bist du in Friedrichshain richtig.

Friedrichshain war mal gar nicht so schlecht. In den Neunzigern kurz nach der Wende ging es wild zu in den vergessenen Altbauten. Die Kieze um Stalins Prachtallee verwandelten sich in wahre Wespennester der Kreativität und Freiheit. Wo das zu weit ging, wie in der Mainzer Straße, wurden diese im Sinne der Freiheitlich-Demokratischen Grundordnung niedergeknüppelt. Freiheit ist immer schön und gut, die Freiheit nicht zu konsumieren ist darin aber nicht inbegriffen.

Ein paar Jahre ging das relativ gut, viele Leute hatten Spaß, und Studenten bauten sich Saunas in die Wohnungen. Still und heimlich wurde auch die plattige Hälfte Friedrichshains grundsaniert. Kleinteilige, wasserabweisende Ordnung realisierte ironischerweise den feuchten Traum der sozialistischen Elite. Alles ist jetzt schön sauber und geordnet, die Kontrolle ist der Selbstkontrolle gewichen. Betongewordene Zwanghaftigkeit, soweit das Auge reicht. Um die Schillingstraße ist die Stadt so sauber und leer, wie man sie sich nur wünschen kann. Schilder vor verwaisten Spielplätzen schreien einem ausgedehnte Mittagsruhebefehle entgegen, als ob jemand sich in den Schluchten zwischen den Platten freiwillig zwischen 14 und 16 Uhr aufhalten würde. Ein Urlaub am Betonstrand.

Weiter östlich, da wo die DDR-Obersten die Stadt nicht zerhäckseln konnten, ging es sogar noch schneller bergauf. Platten lassen sich aufhübschen, aber um sie als cool zu verkaufen, muss man das Publikum erst aufwendig mental zurückzüchten. Es passiert, schon jetzt schwärmen soziopathische Italiener davon, aber es dauert länger, als jemandem die vielfältigeren Altbauten zu verkaufen. Die Rechnung ist einfach: Mehr Kleinteiligkeit = mehr Möglichkeiten für Verwirklichung = mehr Erfüllung. Altbauten haben unterschiedlichere Grundrisse, Zimmergrößen und Bäder, die lustig deformiert sind wie ein Katzenbaby, das zu klein ist, um feststellen zu können, ob es behindert ist. Wichtiger aber ist die Einheit von Leben und Arbeiten. Zum Schrecken der Organisationselite, die die Stadt am liebsten klinisch tot und in unzähligen Einkaufszentren konzentriert hätte, haben die meisten Altbauten Ladengeschäfte oder Souterrains. Die ermöglichen kurze Wege und Arbeit und Leben auf einem Raum. Also all das, was Modernisten kalt kotzen lässt. Ihnen schwebten klinisch geteilte Lebenssphären vor, die zu verödeten Innenstädten, endlosen Vorstädten und zur Archtitektur passenden Meinungen führten. Denn Menschen, die man voneinander und in ihren Lebensbereichen zu sehr isoliert, verarmen an Impulsen. Sie empfinden das meist nicht so, sondern lullen sich in ihre Komfortwolke ein. Bei den wenigsten reicht es für eine dichte Opiumwolke, in der sie ihre neugewonnene Freiheit von allem ausleben. Die meisten begnügen sich mit krebserregenden Plüschkissen von menschenverachtenden Drogerieketten. Menschen brauchen Privatsphäre – aber keine Isolation. Die gebiert faschistoide Meinungen, wie man sie beispielsweise in Lichtenrade zuhauf findet. Die Gleichung hier ist: Ich kenne die Welt nicht, ich will sie nicht kennen, denn sie ist der Feind.

Vielleicht hatten die Erbauer der Altbauten noch mehr Sinn fürs Menschliche, wahrscheinlich aber dachten sie zu unökonomisch. Die deutsche Bahn würde keinen Stuck an ihren Glaspimmel am Potsdamer Platz hämmern, woher auch, etwa aus dem Vermögen der sie subventionierenden Steuerzahler? Menschen fühlen sich in Altbauten wohler, gehören sie nicht zur kriegs- und nachkriegstraumatisierten Generation, der jegliche Ästhetik von Notwendigkeiten abgeschliffen ist. Für sie bedeutet Gerade noch immer sauber, und Beton beinhaltet Heizung. Und nachts wird zum Kühlschrank gegangen und löffelweise Butter gefressen. Es war hart damals, besonders in Berlin, aber das ist trotzdem krank. Andererseits ist es auch nützlich, denn sonst müssten noch mehr Platten abgerissen werden.

Wo sich Menschen wohlfühlen, da kann man sie ausnehmen. Die Gleichung war noch nicht zu Ende, aus Erfüllung folgt: Limitierung und Gewinn. Investoren begannen einen Multifrontenkrieg gegen alte Bausubstanz. Ihre Rechnung war, dass, wenn Menschen Altbauten schätzen, sie gefälligst dafür zahlen sollen. Also wurde gegen den Willen der Bewohner saniert, was nicht abgerissen wurde. Siehe da, eine schöne neue Wohnungsknappheit beschert schicke Bilanzen. Und Gründe, die Platten noch eine Weile stehen zu lassen. Aber nach solchem Negativdenken wurde in den *fun-nineties* nicht gefragt, man machte einfach.

Besonders um die Warschauer Straße veränderte sich das Stadtbild rasant. In dem angrenzenden Industriegebiet in der Revaler Straße hatten sich über die Jahre grottige Clubs angesiedelt. Sie entsprachen größtenteils dem Klischee von Berlin: Backsteinwände, zugetaggte Toiletten und eine angenehme Scheißegalstimmung. Das zog haufenweise junge Menschen aus der mitteldeutschen Wüste an. Mit dem anschwellenden Strom eröffneten immer mehr Hostels und Hotels nach gleichem Muster. Standardisierte Restaurants und besonders Bars kamen hinzu, so dass Friedrichshain mehr und mehr zu der großen Bahnhofshalle wurde, die es heute ist. Speziell die Simon-Dach-Straße entwickelte sich von einer ruhigen Seitenstraße zu einem *Hotspot* der Gesichtslosigkeit und Abzocke. Busladung um Busladung wird Berechnung ausgekarrt.

Die steigenden Preise taten ihr Übriges, um viele der Anwohner zu vertreiben. Der ganze »Südkiez« um die Boxhagener Straße ist mitterweile so spannend wie ein *Power-Nap*. Der einzige Nervenkitzel sind die Straßenbahnen, die hinter den Ecken lauern, um Unaufmerksame zu zermalmen. Herr Knorr hatte doch Recht, als er mitten im Arbeiterbezirk die gleichnamige Promenade bauen ließ. Die sieht zwar heute ganz schnuckelig aus mit ihrem Eingangsbogen und den Fassaden mit dem gewissen Irgendwas. Nur erkennt der heutige abgestumpfte Berliner nicht mehr, dass die kleinen Besonderheiten der sozialen Abgrenzung dienten. Die kleine Straße war der Prototyp der Townhousesiedlung, wie sie jetzt in der ganzen Stadt zu finden ist, auch genau am Volkspark Friedrichshain. Erstaunlicherweise haben sich die Bewohner dort gegen ein verschließbares Eisentor mit Sicherheitsmann entschieden, obwohl der Investor das schick gefunden hätte. Abgrenzung erzeugt Exklusivität, und die ist preissteigernd.

Im »Nordkiez« nördlich der Frankfurter Allee wurden endlich fast alle besetzten Häuser geräumt. Die ehemaligen Einwohner wehren sich, indem sie die neuen Luxusobjekte mit Scheiße einschmieren. Aber solange Idioten gewillt sind, dort einzuziehen und den Arschlochaufschlag achselzuckend hinzunehmen, haben sie keine Chance. Die gebliebenen Friedrichshainer klammern sich an ihre Wohnungen und bekommen Kinder, um den rettenden sozialen Anker zu werfen. Wer richtig Glück hat, dessen Loch wird in eine Eigentumswohnung umgewandelt und er kann sich mit einer dicken Abfindung zum Auszug bestechen lassen. Dennoch gibt es noch die eine oder andere Bar oder Kneipe, in der man eine Ahnung davon bekommt, wie viel weniger trostlos dieser Teil von Berlin mal war. Deprimierend ist das natürlich erst recht.

Der totale Absturz ist die Stralauer Halbinsel außerhalb des S-Bahnrings. Der Wurmfortsatz Friedrichshains, der einst eine verseuchte Industriezone war, ist heute vollgekackt mit Townhouses. Selbst aus der *Alten Glasbäserei* werden welche. Wo sich vor kurzem noch Sprayer austoben konnten und Verknallte auf dem Dach saßen, regieren jetzt Chrom und weißes Leder.

Der Gegensatz zur stadtinneren Ringseite könnte kaum größer sein. Der kleine Kiez dort ist ruhig, aber nicht so überlaufen wie der Rest Friedrichshains. Der Interessierte kann sogar den einen oder anderen unsanierten Altbau sehen. Sicher ist das Wowereit und seiner Berliner Bodensatzwählerschaft schrecklich peinlich. Die nebenan liegenden Medienindustrien sind ein Zentrum für Trash von Rang. Hier wird produziert, was die Hirne der Masse vermüllt. Musik, Fernsehen und Events für den Untergang. Weiter unten, am Markgrafendamm, liegen ein paar interessantere Clubs. Sie haben gute Chancen, noch ein paar Jahre erhalten zu bleiben, da die geplante Stadtautobahn die Gegend vollends zerstören wird. Zersetzungsinvestitionen sind also unwahrscheinlich. Das gilt jedoch nicht für den Rest des Bezirks. Der wird ein Mekka für Staufans werden, da die Blechlawine hier jeden Tag auslaufen wird. Busse mit Pauschaltouristen werden noch besser direkt vor die Hotels fahren können und alles noch unlebenswerter machen.

Friedrichshain ist ein gutes Beispiel, wohin die Reise geht, wenn alles so weiterläuft wie bisher. Berlin ist dabei, sich seine einzige Ressource, die Kreativität, durch stumpfe Sechziger-Jahre-Wachstumspolitik zu zerstören.

Wer die Mühe nicht scheut, kann aber auch in Friedrichshain noch Spaß haben. Selbst im Südkiez gibt es den einen oder anderen Club mit Charme oder eine Bar, die nicht aufgesetzt unaufgesetzt ist. Freude machen einem auch die bröckelnden Rückfassaden an der hinteren Frankfurter Allee. »Führer Ex« gesehen? Genau da.

Es kann aber auch noch viel schlimmer werden. Am Frankfurter Tor zum Beispiel. Polierte Glatzen, fleischige Oberarme und Pullover mit großen Werbelogos, die sich auf krude Art nationalsozialistisch interpretieren lassen, strömen vom hinter der Brücke gelegenen Lichtenberg den halben Block in eine von Linken gerne frequentierte Ecke von Friedrichshain. Die

Stimmung ist bombig. Früher gab es einen Döner auf der Hälfte dieser Strecke, in dem sich beide Parteien trafen. Döner Kräuter, scharf und mit ganz viel Angst. Hat unerklärlicherweise zugemacht. So wie Friedrichshain auch bald.

Wenn Berlin sonst schon nichts wirklich kann, dann doch wenigstens Feiern, und da ist Friedrichshain immer noch relativ weit vorne dabei. Vom verzweifelten Leben wegballern bis hin zum werbetauglichen Entertainmenterlebnis ist alles drin. Für

die vollbegasten Juppies gibt es Etagen im Potsdamer Platz, für Punker besetzte Häuser und für die Elektroniker eine ganze Reihe von dunklen Verschlägen. Auch für jede Art von Freaks ist was dabei. Der *Stahlrohrclub* für Hardcoreschwule oder der *Kitkatclub* für gepflegte Sexparties. Jeder bekommt was ab, bestimmt wird Angela Merkel auch irgendwo vor zahlungskräftigem Agrarlobbypublikum von einem Mastbullen geritten. Wichtiger noch: Die Veranstaltungsbranche ist ein Arbeitsmarkt und hat somit Existenzrecht. In Berlin sind rund 8000 Personen bei Clubbetreibern und Veranstaltern beschäftigt, davon rund 3500 sozialversicherungspflichtig und 3800 frei.

Seit den Zwanzigern war klar, dass Berlin besonders für Touristen ein guter Ort ist, um die Sau rauszulassen. Berlin war so was wie das Bangkok von Europa. Nur ohne gutes Wetter. Oder gutes Essen. Oder nette Einheimische. Eigentlich gab es in Berlin überhaupt gar nichts, was das Feiern in der Stadt rechtfertigte, außer dem Preis. Arm, aber sexy? Berlin war schon immer eine billige Nutte, nur sexy durch den Preis.

Nach der Überparty des Zweiten Weltkriegs gab es erst mal eine ganze Zeit nichts zu lachen. Im Osten sogar noch viel länger nicht. Da konnte im Betrieb gefeiert werden, so verklemmt, dass selbst Loriot aus Verzweiflung jemandem eine Flasche über den Kopf gezogen hätte. Im Westen durfte der Berliner seinen Hintern verkaufen, also ging es aufwärts. Der Zoo begann zu leuchten und mauserte sich zu einem billigen Abklatsch amerikanischer Kommerzmeilen. Wenn der Kitsch zu unerträglich wurde, legten barmherzige Terroristen Bomben und beendeten das Trauerspiel, wie 1986 in der Disko La Belle. An diesem Datum brach die Realität in Form von umherfliegenden Leichenteilen auf dem Ku'damm ein. Im Osten etablierten sich um die gleiche Zeit phänomenal abgefreakte Untergrundpartys für Gruftis und ähnliche Weltflüchtler und legten damit den Grundstein für die interessantesten Facetten des Nachtlebens.

In den wilden Neunzigern war es dann soweit: Besonders in der verlassenen Stadthälfte im Osten stiegen wilde Partys, auf denen man unbekümmert der Idiotie frönen konnte. Der Staat hatte genug damit zu tun, Recht und Ordnung bei Tag herzustellen und konnte die Nacht nicht wirklich überwachen. Ein kleiner Teil dieser Kultur rettete sich bis heute. Der überwiegende Teil verkaufte allerdings seine Mutter und wurde zur Loveparade und den Fleischtheken, die sich heute Clubs schimpfen.

Dabei ist das Schema der Veränderung ganz einfach. Man nehme: einen abgeranzten Neunzigerjahreclub in Berlin. Nackte Wände, Graffiti, Theken und Sitzgelegenheiten aus Sperrmüll und Toiletten im Siff-Endstadium. Dazu dröhnend laute Musik und haufenweise transzendental Obdachlose, die sich einen Scheiß für alles, außer Feiern interessieren. Dann reiße man alles ab und baue es neu, aber nachgemacht »retro« wieder auf. Aus dem Sperrmüll werden verdruckste Designerstücke, aus der klebrigen Bretterbar Werbefronten. Die Musik ist jetzt beherrscht von einem DJ, der sie als Aushängeschild seiner Potenz an der Leine hält. Das ist nicht weiter schlimm, weil es zu allen relevanten Musikrichtungen, Minimal-Elektro, Pop und Poprock, einen eigenen Floor gibt. Neben den lustigen Laserspielen weisen Kunstwerke in Graffitianlehnung den Weg zu den Sanitärzellen. Als Schmankerl gibt es noch reichlich bordeauxfarbenes Absperrband, damit sich der eigene Charakter an den Grenzen definieren kann. Oder am VIP-Bereich, wo die eine oder andere Z-Prominenz angenagelt ist.

Vor der Tür begrüßt einen der Abschaum der Menschheit, der Türsteher, und bewertet anhand der Schädelform und des Outfits, ob die Würmer in der Schlange würdig sind, das Corporate Image des Clubs zu repräsentieren. Die Eintrittspreise sind entsprechend. Je idiotischer der Club, desto teurer wird er.

Das Schlimmste sind aber nicht die normalisierten Veränderungen der Clubglobalisierung, sondern die Clubgänger. Von bewusst abstürzenden Assis hat sich das Publikum zu repräsentativ leeren Marionetten gemorpht. Der neue Clubgänger sieht garantiert aber so was von angesagt aus, dass selbst American Appearel sich hinterm nächsten Baum vor Scham die Nase selbst amputieren müsste. Selbst wenn man die Knete nicht hat, reicht es immer noch, zu zeigen, dass Mode der Weg und das Ziel ist. Eintönig aufgestylte Menschen pendeln kontrolliert durch den Club und checken sich gegenseitig ab. Die Schönsten speicheln sich das Gesicht auf der Tanzfläche ab, der Rest ist froh, dabei sein zu dürfen. In den schüchternen Gesprächen befingern sich dörfliche Unsicherheiten gegenseitig und bestätigen sich dumpfe Spießertautologien. Die Partycrowd hat keinen Sinn und kein Ziel, so weit, so gut, aber sie nimmt sich trotzdem ernst. Niemand wird hier in seiner Kotze liegen, sich zum Horst machen oder die knallharten Wahrheiten ansagen, die ihm zwar eine Ohrfeige, aber auch die Gewissheit zu leben geben werden. Die neuen Clubhipster sind allesamt watteweich und korrekt.

Das Einzige, was sie gebacken bekommen, ist Drogen nehmen. Aber auch das machen sie genormt und unkreativ. MDMA, Speed und Koks wandern in zarte Uniabsolventennäschen und lassen sie zu Scheißmusik wie Minimal, House und Techno tanzen, die sie sich nüchtern nie antun würden. Die monotonen Beats sind eine völlig emotionslose halbe Musik, die aus Langeweile und Unkreativität der Popkultur zum Angesagten erhoben wurde. Halbe Musik für halbe Menschen. Ganze Leben in verschulter Folgekultur, die sich nur nach Anschluss sehnen, und sei es im monotonen Bass. Es existieren zwischen den Gruppen nur minimale Unterschiede. Die MDMAler sind weich und begeisterungsfähig wie kleine Kinder. Die Speedster versuchen sich die neuerlangte Klarheit wieder anzusaufen und merken nicht, dass ihre Droge der absolute Reinfall ist. Je mehr sie davon nehmen, desto so weniger merken sie den Suff. Postwendend wird wieder gesoffen, nur um bei einer Nase wieder »klar zu kommen«. Die Kokser gucken böse und laufen gehetzt hin und her. Ihr Spaßfaktor liegt so ungefähr bei dem Kontrolliertwerden in einer vollen U-Bahn nach einem Platzregen. Alle treffen sich in der Kloschlange und reden über, na wirklich, ihre Drogen. Boa, wie viel die sich reingehauen haben, voll krass, ey. Das Hirn hat sich schon lange vorher mit Grausen abgewendet.

Es gibt auch noch die Ketafraktion. Die erkennt man daran, dass sie abspastet sind wie vierzehnjährige Kiffer. Große Augen und unkoordinierte Bewegungen teilen dem Beobachter mit, dass jemand gerade versucht, seinen Körper aus 100 Meter Höhe in einer Welt aus Spiralen zu koordinieren. Das sind die, die oben sind. Andere sitzen tief im *K-Hole*, dem schlechten Ketatrip. Das *K-Hole* ist das Schlimmste, was dem Partygänger in freier Clubwildbahn passieren kann. Hinter Sofas und in den Ecken jammert und zittert er dann der eigenen Vergänglichkeit entgegen. Irgendwo im Loch sitzt der eigene Tod, und jetzt hat man stundenlang Zeit, sich mit ihm zu unterhalten, während er einem das Hirn frittiert. Keta ist als Pferdebetäubungsmittel gedacht, und so wirkt es auch. Der vereinzelte Psychodeliker oder die omnipräsenten Kiffer fahren da sicherer.

Eine andere Droge hat ein Comeback geschafft: das gute alte LSD. Anders als in den haarigen Siebzigern, als Hippies barfuß beisammen saßen und ihr Bewusstsein ultrahochdosiert erweiterten, um mit dem Allwelteinheitsschrott in Kommunikation zu treten, ist die *Pappe* jetzt eine Partydroge. Sie wird, wie alles andere auch, emotionslos eingeschmissen, macht die Leute aber im Schnitt fröhlicher. Ausgenommen sind wie immer die Abstürzler, und bei LSD ist der Fall sehr tief und der Aufprall hart. So hart, dass einige dran kaputtgehen und die nächsten Jahrzehnte Zeit brauchen, das mit den Stimmen in ihren Köpfen auszudiskutieren. Noch heftiger geben es sich die Mephedron- oder Krokodilkandidaten. Das sind abgefahrene Drogen, die die Halbwertzeit des Körpers rapide mindern. Heroin, sein hässlicher Halbbruder Schore und Crack sind in kaum einer Szene anzutreffen. Das Partyvolk hat gelernt, dass dabei keine richtige Stimmung und nur Elend aufkommt.

Die Drogenkultur macht vielleicht den größten Reiz des Nachtlebens aus. Die Autoritäten haben sich in einem seltenen Anfall von Pragmatismus abgewandt, da Prohibition das Problem nur verschlimmern würde. Die Geschichte zeigt, dass eine liberale Drogengesetzgebung kombiniert mit doppelplusguter Aufklärung weit weniger Probleme erzeugt als Verbote.

Die Drogenkultur hat in Berlin kaum mehr etwas Bewusstseinserweiterndes oder Kreatives. Sie ist zu einem Alltag der Nacht verkommen. Der große Spielplatz, den die Clubs darstellen, feiert die Unmündigkeit der Belegschaft. Was allen Beteiligten dabei entgegenschlägt, ist die allumfassende Langeweile. Die deutsche Verklemmtheit muss mit extrem viel Substanz vergessen werden, um die Kontaktaufnahme zu anderen Menschen möglich zu machen. Wenn es denn so weit kommt, ist meist kein vernünftiger Satz mehr von den Protagonisten zu erwarten. Die billige Kennenlernsoap hat nur Aussicht auf Erfolg, wenn beide völlig fertig sind. Ein Zusammenfinden ist dann immer auch eine Resignation angesichts der zu großen Auswahl, die aufgrund der eigenen Kraftlosigkeit nicht wahrgenommen werden kann. Menschen landen zusammen im Bett, ficken sich gesichtslos und finden sich morgens abstoßend. Gegenüber den immensen Mengen von Drogen, die sich das Partyvolk in Berlin in alle Löcher einführt, ist die Zahl der Unfälle gering: »Die Zahl der Drogentoten stieg 2008 auf 1449 (2007: 1394, davon 158 in Berlin). 65,1 Prozent starben an einer Überdosis Heroin (zum Teil in Verbindung mit anderen Drogen), 10,9 Prozent an Kokain, 3,1 Prozent an Amphetaminen).«

Das wiederholt sich in allen Clubs, aber nach langem Suchen kann man dezente Abstufungen finden. In der Kategorie Proll findet man nur was für Kranke. Das *Q-Dorf* ist das materialisierte RTLII-Erlebnis. Schauerliche Kulissen von Menschen führen sich gegenseitig vor. Ein Labyrinth aus VIP-Bereichen wird mit marketingkriteriengerechter Musik beschallt, so dass kein Gedanke mehr möglich ist. Der wäre auch nicht erwünscht und würde schon am Türsteher scheitern. Es riecht nach Kokosgel, Synthetik auf solariumverbrannter Haut und Parfümchemie à la Leuna. Das *Q-Dorf* ist vielleicht der abartigste Ort der Stadt, das gestaltgewordene tripperübertragende Trashvögeln auf dem Rücksitz eines viel zu engen Corsa in Blaumetallic von 1995. Nur der absolute Ausschuss versammelt sich hier. Das ist denn auch der einzige Vorteil am *Q-Dorf*. Es zieht die potenzstrotzenden und extrem frustrierten Prolls an den Kurfürstendamm, also weit weg von den Gegenden der Stadt, an denen sich echte Menschen aufhalten würden. Die durchaus echte Frustration lassen sie dort gegenseitig an sich ab, indem sie sich ficken oder schlagen oder beides.

Prolls mit mehr Geld mutieren zu Snobs. Sie finden sich im *Felix*, den Bars des Hilton oder ähnlich uninspirierenden Locations ein. Gäbe es einen Mercedesclub, würden sie sich reihenweise Körperteile abschneiden, um hineinzugelangen. In ihrer Clubexistenz geht es um nicht weniger als die ultimative Repräsentation. Dabei dürfen die Symbole auch noch so durchschaubar sein, allein der Akt zählt. Die Skala für diesen ist einfach: Geld. Ein Tisch, der 2000€ kostet, ist besser als einer, der 200€ kostet, Champagner besser als Sekt usw. Clubgänger wie diese sind das Ziel einer heißgelaufenen Marktwirtschaft. Alle Fragen werden auf Geldwert reduziert, und somit gibt es keine mehr. Nur Antworten, bündelweise Antworten, und immer die gleichen: Ich, ich, ich, hunderttausendmal ich.

Glücklicherweise ist diese Art von Club wie auch das Publikum in Berlin nicht so verbreitet wie in anderen Hauptstädten. In Paris oder London ist die Eintrittsschwelle schon so hoch, dass sich kaum Alternativen entwickeln können. Die MTV-isierung der Welt ist in Berlin noch nicht so weit fortgeschritten, deshalb bleibt allen Beteiligten das übliche *Bling-Bling* erspart. Berlin hat dafür einfach noch zu viele Alternativen, so dass sich nur die idiotischsten Arschlöcher die Blöße geben, sich von arroganten Türstehern blickficken zu lassen, um sich in eine Welt aus Marketing einkaufen zu können.

Andere Clubarten grenzen sich durch Musik ab. Natürlich gibt es immer Varianz, aber im Großen und Ganzen erzeugt der Wettbewerb um eine Gruppe die gleichen Maßstäbe. Folglich sieht es mit den Rockclubs nicht viel besser aus. Die sind zu allermeist betongewordenes Radio. Die Musik ist bestenfalls Störgeräusch und ungefähr so interessant wie die auf dem Seegrund verendete Ente, an der der Barsch rumzuppelt. Es ist nicht so, dass es keine interessante Rockmusik gäbe. Aus fast jedem Genre kann man was rausquetschen, wieso nicht auch aus dem? Aber wie mit dem städtischen Radiosender Motor FM ging es mit diesen Clubs steil bergab. Das Radio heißt jetzt Flux FM und spielt nur noch grauenhaft weichliches Popgeheule. Die *Message* erschöpft sich in Hirnwichse wie: *I want to buy you something but I dont have any money.* Die Clubs stimmen mit ein. Dazu kommt eine extreme Verkommerzialisierung, so dass auch Britney Spears ab und zu reinkrächzt.

Das *Rock it* an der Warschauer Brücke ist sich insofern treu geblieben, als dass es nie vorgegeben hat, was anderes als ein Fleischmarkt zu sein. 15-Jährige können hier ihre ersten Cluberfahrungen sammeln. Meist beschränken die sich auf sinnbefreiten Vollsuff, Schaumkotze in Ausschnitte sprühen und rausgeworfen werden. Das *Magnet* dagegen ist regelrecht abgestürzt, seit es aus Prenzlauer Berg vertrieben wurde. Die neue Lage auf der anderen Seite der Warschauer Brücke hat ihm nicht gut getan. Vollprolls aus der Co2-Arena stürmen den Laden und machen ihn zu irgendwas zwischen Eishockeyfankurve und Schlagerparty. Die *O2-Arena* hat überhaupt wie wenig anderes zur Entspaßung der Stadt beigetragen. Um sie zu bauen, mussten Teile der Berliner Mauer abgerissen und die deutschen Brandschutzbestimmungen außer Kraft gesetzt werden. Das Resultat ist eine Idiotenschwemme sondergleichen an der auch sonst gut mit Sauftouris bedienten Warschauer Straße.

Das weiter hinten in der Schlesischen Straße gelegene *Lido* konnte sich ein wenig länger retten, ist aber mittlerweile auch nur noch ein Schatten seiner selbst. Selbst wenn sich passable Musik hierher durchkämpft, sind Deutschlandfahnen schwenkende Fußballfanatiker nicht weit.

Besser wird es im Rest Berlins nicht, eher deprimierender. Berlin ist ja denn auch die Hauptstadt der elektronischen Musik, dem Herrn sei Dank. Die wurde hier erfunden oder zumindest geklaut, wo einfach die meisten Hirnamputierten ihre eigene Leere in den stumpfen Beats wiederfinden konnten. Elektronische Musik hat durchaus ihre interessanten Seiten, doch auf das, was es der Mainstream in Berlin heruntergebrochen hat, könnte die Welt getrost verzichten. Ob House, Techno oder Minimal, der Soundtrash dient einzig und allein als Vorlage, um sich die Birne vollzuballern und den eigenen Subprimekörper langsam ruckelnd auf der Tanzfläche zu präsentieren. Die Standardelektropartys sind allesamt der Totalabsturz. So sieht eine verschwendete Generation aus. Es ist ein pures Leben nach Zahlen, Abwägen von Wahrscheinlichkeiten des Gutfühlens, Geldverdienens und der Anmache.

Die »Szene«, wenn man die desozialisierten Zwanziger so nennen will, organisierte sich um die Restrealität. Die Idee war gar nicht schlecht: Ein Forum, in das nur eintreten kann, wer jemanden kennt, der drin ist. Folglich kommen nur angenehme Leute und man kann jeden Mist posten. Das funktionierte aber nicht lange. Schnell wurde daraus ein Hype, tausende Leute traten ein, und mittlerweile grasen Wichsblätter wie die *BZ* und Chaostruppen wie die Bullen die Foren ab. Sollte doch jemand hier eine spontane Party posten, könnte er den Bullen gleich Einladungen schreiben. Trotzdem bietet die Seite einen tiefen Einblick in die Belanglosigkeit der in der Szene kursierenden Gedanken. Das kann mitunter lustig sein, deprimiert aber zumeist nur.

Selbst in der Elektroszene gibt es Schlimmes und wirklich Schlimmes. Generell gilt: Je kleiner die Läden, desto besser. Um die Revaler Straße gammeln ein paar letzte Kandidaten und werden von den Hostelgästen aus der Simon-Dach-Straße künstlich am Leben gehalten. Das RAW-Gelände mit seinen ruinösen Bahnhofshallen ist das Herz des Nachtlebens, da

es zu baufällig und in einer politischen Zwischennutzungsnische ist. Ansonsten wäre es schon längst weggefegt worden. Aber auch hier hat die Standardisierungskeule reingehauen. Das *Cassiopeia*, ein nett anzusehender Laden in alten Gewölben, ist hinter der Fassade nichts weiter als der *Magnet*: eine Gelddruckmaschine ohne jeden weiteren Anspruch. Der RAW-*Tempel* daneben versucht sich noch im besetzten Haus-Flair, scheitert aber am Andrang und an seinem Soundsystem. Weiter hinten in der Revaler, der Autobahn der Besoffskis, liegt das *Rosi's*. Darum macht man besser einen Bogen, da die Musik im Gegensatz zum amtlich vollgeranzten Ort bestenfalls bestürzend ist. Nur selten werden hier gute Partys geschmissen, und dann muss man auch noch das Glück haben, nicht ein Publikum wie im Münchener Biergarten anzutreffen.

Gegenüber ist das *Morlox*, eigentlich Dasselbe in Grün, nur noch ein bisschen trostloser. Nur das *M.I.K.Z.* gibt sich noch angenehm abgefuckt. Hier spasten zu donnernden Bässen voll Zugedröhnte dem Morgen oder Mittag entgegen. Die übliche Masche des sich gegenseitig die eigene Größe ins Gesicht Wichsens funktioniert hier bei den wenigsten, da fast alle durch Paralleluniversen schlittern. Der Laden ist entspannt unambitioniert und lässt Freiraum vom werbeindizierten Hochleistungsvergnügen. Ab und zu entstehen kleinere Clubs, um dann schnell wieder zu verschwinden. Die sind oft die beste Wahl zum Feiern. Kaum einer findet sie, aber wenn man mal drin ist, überraschen sie mit erstaunlicher Kreativität bei der Gestaltung. Die alten Bahnhallen leuchten skurril, Bäume wachsen durch das, was mal ein Dach sein wollte, und brennende Mülltonnen verbreiten ein authentisches Bronx-Gefühl.

Wer im Friedrichshain weiter sucht, wird am Ostkreuz fündig. Zwar ist das entspannte *MFS (Ministerium für Entspannung)* abgebrannt, aber es gibt noch das *About:Blank*. Der riesige Freakzirkus mit eigenem Wald ist Club und linkes Wohnprojekt. Das hat den Vorteil, dass mit den Eintrittsgeldern eine bessere Welt in Form von Spaß der Wagenburgler finanziert wird. Es ist noch dazu eine snobbefreite Zone. Wer sich am hohen Eintrittspreis – der nur Sinn hat, wenn man mindestens zwei Tage durchfeiert, also auf Chemowelle reitet – nicht stört, für den ist das ein durchaus angenehmer Laden. Anstehen darf man trotzdem gerne mal eine Stunde, da geht's fast in der *Wilden Renate* schneller. Die hat sicher mit guten Absichten angefangen, ist aber zu einem Franchise der Bundesdruckerei verkommen. Was die *Bar 25* an Hipsterschwulst zurückgelassen hat, ist zu großen Teilen hierhin geflossen und versaut das angenehm ranzige Ambiente mit seiner Widerlichkeit.

Ab vom Ostkreuzpartystrich in einer kleinen Seitenstraße im Bahnniemalsland an der Grenze Lichtenbergs versteckt sich das *Subland*, eine Alternative für die, die die Schnauze voll vom Standardangebot haben, besonders wenn Härteres läuft.

Richtung Mitte finden sich an der Spree die Clubs, die von Ihrer Vergangenheit leben: Das *Maria,* zwischendurch ein bisschen *ADS (An der Schillingbrücke)*, jetzt *MAGDAlena* und das superlustige *Josef und Konsorten*. Es würde verwundern, wenn die nicht im *Lonely Planet* stehen würden, was als Bewertung schon reicht. Die *Bar 25* hingegen ist tot – es lebe das *Kater Holzig!* Wie sein Vorgänger war das die erste Adresse zum Feiern. Die erste Adresse für alle, die sich nach ein bisschen gutgemeinter Autorität in Sachen Mode, Sozialem und Kommerz sehnen. Es ist bezeichnend, dass für das Gelände die Wagenburg *Schwarzer Kanal* verwüstet und eingestampft wurde. Das neue Programm ist lukrativ genug, um sich seine Daseinsberechtigung zu kaufen. Wem das zu billig ist, der kann sich im *Watergate* oder im *Weekend* verausgaben. Ersteres liegt am Fluss, Letzteres auf einem Dach, beide sind der totale Absturz. Hier wird auf Luxus abgewichst, dass einem speiübel wird. In der Warteschlange reihen sich Polohemden und Satinjacketts aneinander, dass jede kasachische Hochzeitsgesellschaft dezent erscheint. Wer möglichst wenig von Berlin mitbekommen will, der ist in diesen Absteigen richtig. Wer einen Live-Zombiefilm sehen will, auch.

Eine tödliche Mischung aus Watergate-Snobismus und Q-Dorf-Prolltum ist das *Jeton*. Schon der Name riecht nach Betonkopf. Dieses Ding kann mit Fug und Recht als das Letzte in der Berliner Clublandschaft bezeichnet werden. Außer vielleicht den gerüchteweise existierenden Schlagerclubs, aber das fällt schon unter Tierheim. Das *Jeton* liegt an der Grenze von Fhain und Lichtenberg, leider noch kurz innerhalb des Altbaugebiets und nicht in der Plattenwüste, in die es besser passen würde. So strömt der Totalausschuss vom Frankfurter Tor die paar Meter zum Club durch das in dieser Ecke eher linke Fhain. Regelmäßig kommt es zu Schlägereien und spontanen Nazistammesritualen. Tribals und Runen klettern an speckigen Nacken hoch, Goldringe ersticken Wurstfinger, Plastikhosen versuchen verzweifelt, Whopperärsche zusammenzuhalten, und Fressen, so trostlos wie die Rieselfelder vor Marzahn, schieben sich in die Gegend. Der Welt würde nichts verloren gehen, wenn das *Jeton* im Boden versinken würde.

Entspannter wird es in Kreuzberg und Neukölln, obwohl auch hier die Pauschaltouristenschwemme eingesetzt hat. In 61 ist es zum Beispiel schon unerträglich geworden. Das *Ritter Butzke* ist das Watergate Kreuzbergs. Nicht ganz so imposant im Ambiente, dafür auch nicht ganz so unangenehm, es reicht aber noch völlig aus, um es zu meiden. Wer sich nicht mit hunderten verkoksten Lackaffen in der Schlange die Stunden vertreiben will, weicht besser aus. Zum Beispiel ins *Horst Kreuzberg*. Das ist ein wenig teurer, dafür aber genauso scheiße gesichtslos. Wer das wirkliche Kreuzberg sehen will, geht geradewegs aus dem Club raus auf den Mehringplatz gegenüber. In einem der Spätis unter den »fliegenden« Häusern mit der Trostlosigkeit anzustoßen, bringt's weitaus mehr, als sich den Verbaltrash im *Horst* zu geben.

In Neukölln wird es richtig *arty,* sprich nervig. Auch hier ist man mit den wechselnden Partys in der Brauerei oder auf Abrissgebieten am besten bedient. Das gilt zwar überall, in Neukölln kommt es aber wenigstens ab und zu wirklich noch mal vor. Ansonsten gibt es das *Fuchs und Elster* in der Weserstraße. Es ist im Wesentlichen ein Abklatsch vom *Bohnengold* am Kotti. Klaustrophobisch im Keller gelegen, feiert sich hier die Künstler*crowd* und ärgert sich, dass sie den Laden vor ein paar Jahren noch nicht kannte, als er wirklich ein Geheimtipp war. Dabei ist es an einem durchschnittlichen Wochenendabend so eng, dass Schweiß zum Allgemeingut wird. Kleinster gemeinsamer Nenner einer unnötigen Generation. Jetzt sind die ABM-Mitarbeiter größtenteils damit beschäftigt, das Rauchverbot bayrisch-drakonisch durchzusetzen und Glitzer zu verteilen. Die Musik ist allerdings ab und an wirklich erfrischend, also kein monotoner Elektro. Kaum zu glauben: Ab und zu stehen auch echte Musiker auf der Bühne. Falls die nicht total besoffen sind, kommt sogar Musik rüber.

In den Industriegebieten stadtauswärts pflanzen sich im Sommer die Raves und im Winter die eine oder andere Party fort. Der letzte Club vor dem Niemalsland ist der ehemalige *Raum 18.* Er liegt in den gruseligen Gassen hinter dem Hotel Estrel, wo sich vor ein paar Jahren nur Wahnsinnige nachts herumgetrieben hätten. Mit einem heimeligen Panorama über die Blöcke der Absturzsiedlung Köllnische Heide und einem garantiert freakigen Programm in der Halblegalität, macht dieser kleine Club richtig Freude. Unbedarft hören sich Leute, die aussehen, als wären sie gerade auf dem Sofa aufgewacht, japanischen Kreischdubstep an und grinsen debil. Kaum irgendwo in Berlin ist man gefühlt so weit weg von den Selbstbeweihräucherungen der Vergnügungshighways.

SCHÖNEBERG

Was an Schöneberg schön sein soll, liegt wohl im Auge des geblendeten Betrachters. Der urangesagte Bezirk der Weimarer Republik ist an sich keine Augenweide. Klar, Altbauten stehen rum, aber auch genug Westplatten, so dass es nicht wirklich genießbar ist. Schöneberg ist Westberlin in Klein, es gibt von allem etwas und nichts so richtig. Dabei erstrecken sich die Bezirksgrenzen von Friedenau, das schon wie Zehlendorf anmutet, bis zum protzigen KaDeWe. Vom Hippieparadies über schlechtbürgerliche Wohngegenden bis hin zu totalem Abfuck findet man hier alles.

Da Schöneberg unweit des Zoos, der einstigen Amüsiermeile liegt, aber ausreichend weit weg, um nicht teuer zu sein, siedelte sich hier traditionell die Menge an, die dabeisein wollte, aber es nicht konnte. Daraus entwickelte sich mit der Zeit ein eigener Kosmos, und mittlerweile wollen die Schöneberger gar nicht mehr woanders sein. In Schöneberg zu leben heißt, innerberlinisch zu emigrieren. Man könnte auch sagen, dass es leicht ist, schon von Schöneberg die Schnauze so voll zu haben, dass man sich den Rest nicht mehr antun muss.

Besonders am Tauentzien und dem KaDeWe geht das schnell. Hier glänzt noch das alte Westberlin. Auf Plakaten werden die hässlichen Bunker der Gegend beworben, obwohl die Menschen, so idiotisch sie in ihren Einkaufsgelüsten doch sein mögen, das lieber in neueren Bunkern in Mitte erledigen. Kein Wunder, ist doch das, was Westberlin in den sechziger Jahren für zukunftsweisend hielt, schlichtweg grausam. Sogar das für seine Rattenkäfige berühmte Hostel verlässt seinen braunen Plastikbau am Zoo, das Schiff sinkt. Knapp eine Million Euro Mietrückstände hatte es, und der Vermieter drehte ab und an das Wasser ab. Was man in Berlin halt so macht, wenn man nichts Besseres zu tun hat. Und man hat nichts Besseres zu tun. Den folgenden Rechtsstreit hat die Vermieterin übrigens begonnen, das A & O muss für ein »hochwertigeres« Hotel raus. Damit wird es nicht besser werden, der Ranz am Zoo wird nur auf die klinisch tote Hochpreisebene verlegt, eine Garantie für maximale Stadtcharakterreduktion. Und hey, seine Miete nicht zu zahlen ist schon böse-böse, besonders wenn man ganz Berlin mit Hostelbunkern vollklatscht. Aber dass ausgerechnet luxemburgische Eigentümer gewinnen, ist bitter. Sie sitzen in ihrem Witzland, das nur noch existiert, um legal Steuern hinterziehen zu können, und versauen hier die schon hässliche Stadt noch weiter. Auch das Krankenhaus am Mariendorfer Weg in Neukölln geht auf ihre Kappe: Voll funktionsfähig geschlossen (das geht wohl eher auf die Kappe eines menschenverachtend privatisierten Gesundheitssystems), lag es jahrelang brach, verrottete und brannte jetzt halb ab. Drinnen liegen schon mal tote Penner, wenigstens finden die einen ruhigen Platz zum Sterben. Oder die Gewohnheit stirbt zuletzt, und sie lagen im Sterbezimmer.

Der Schöneberger will davon gar nichts wissen. Wohnt man um das KaDeWe, zahlt man immer noch genug Miete, um auf viele herabschauen zu können. Richtung Wilmersdorf und zum Bayerischen Platz hin wird es dann, o Wunder, spießig. Und tot. Junge, gutsituierte Familien ermöglichen hier ihrem Wurf einen Start ins Leben weit weg von der Misere, die für große Teile Berlins die soziale Realität darstellt. Wer hier aufwächst, hat gute Chancen, FDP-Wähler zu werden oder die Union zumindest sexy zu finden. Es ist erstaunlich, dass sich dieser Teil der Stadt so entwickelt hat, da die Stadtplanung selbst sichtlich alles dagegen unternahm. Im Krieg wohnten hier Juden. Die wurden ausgesiedelt, umgebracht und ihre schicken Wohnungen an Leute, die es sich durch ehrliches Arischsein verdient hatten, übergeben. Dummerweise kam der Zweite

Weltkrieg, und Nordschöneberg wurde ausradiert. Nach dem Krieg erbauten die Stadtoberen alles möglichst hässlich neu. Natürlich, die Klötze hatten Komfort, aber das war's. Sie waren hässlich wie die Nacht und dumpf wie ihre Bewohner. Trotzdem ist Nord-Schöneberg noch immer gefragt, vielleicht aus purem Konservativismus-Fetisch.

Richtung Osten wird es interessanter am Nollendorfplatz. Dieser und das angrenzende Viertel sind das Bollwerk der Homosexuellen. Es gibt dort Bars, in denen Männern schmachtend nachgesehen wird, und Läden, in denen Analkugeln, Lack und Leder angeboten werden. Der moderne Mann, der sein Arschloch geweitet oder gebleacht haben will, findet hier alles, was er braucht, und noch viel mehr. Gepaart mit dem ein oder anderen Junkie oder Penner am Platz kommt so was Ähnliches wie Flair auf, wenn man davon absieht, dass sich alles nur zu einem Einkaufzentrum für eine andere Zielgruppe summiert.

Wer glaubt, Gott habe die Menschen nicht so geschaffen und sie werden für ihre Unzucht schon ihre gerechte Strafe erhalten, der kann auf der nördlichen Platzseite in einen großen Autoersatzteilzulieferer einkehren. Obwohl an sich nur ein stinknormales Kaufhaus, macht es Spaß, sich durch die Westberliner Enge zu lavieren. Aus Platznot oder aus schierem Irrsinn ist das Kaufhaus über drei Häuser und zwei Höfe verteilt. Treppen und Unterführungen verbinden Tonnen von technischen Artefakten, mit denen echte Männer der Gottheit einer längst überholten Fortbewegungsart huldigen. Wer richtig Glück hat, findet als Bedienung noch den originalen stulligen Brandenburger mit Thor-Steinar-Pullover, bei dem unklar ist, ob er ein Nazi oder schlicht mental zu dysfunktional ist, um eine politische Meinung zu haben.

Vielleicht doch lieber nach Süden gehen? Richtung Winterfeldtplatz werden die Altbauten regelrecht herrschaftlich. Es freut die Erbauer sicher, dass sie jetzt voller Unzucht sind. Träumte nicht jeder schneidige Preußische Fürst, der sich in der noch sumpfigen Hauptstadt ein Domizil baute, davon, dass eines Tages Männer zärtlich und verständnisvoll oder hart und kräftig miteinander dort intim werden könnten. Es wäre klasse, achtkantig auf die zeitliche Immanenz zu scheißen und den alten Knacker zu reanimieren und ihn als exotisches Fickspielzeug in einen der Darkrooms zu werfen. Bei dem Kulturschock könnte selbst Gott ihm nicht mehr helfen.

Aber es wird bürgerlicher. Um die Motzstraße bekommt auch der heterosexuelle Mitbürger Eis mit ganz viel Liebe obendrauf und andere Delikatessen, kann in Antiquariaten stöbern, sich in durchästhetisierte Cafés setzen oder kacken gehen – aber alles mit Stil. Hier ist man in der Gesellschaft angekommen, man konsumiert.

Wem auch davon übel wird, der verpisse sich in Richtung Kreuzberg. Schöneberg versucht um die Crellestraße, selbiges zu imitieren und scheitert. Nicht ganz so hip, nicht ganz so kreativ, ein bisschen zu aufgesetzt, nobel und armselig ist alles hier, aber das stört die wenigsten – sie sind es selber und erkennen sich wieder. Richtung Akazienstraße wird diese Argumentationslinie konsequent weitergedacht und mündet ins Hippie- und Lehrerparadies. Hier ist die Welt noch voll ok. Es gibt Cafés mit Livemusik von Quotenschwarzen, Restaurants mit gutem Essen für den doppelten Preis und satte Selbstzufriedenheit. Alle sind voll multikulti, tolerant, pädagogisch und so. Ausländer gibt es natürlich kaum. Die wohnen an der grottenhässlichen Yorkstraße und puffern Kreuzberg ab. Geht man von der Motzstraße Richtung Osten, kommt man zuerst durch eine angenehm verkehrsberuhigte Zone, kein einziges Auto fährt hier auf den Straßen. So sollte eine Stadt sein: Wenn Autos, dann auf den Hauptstraßen, nur mit dreißig und nur in Ausnahmefällen privat. Dass Verkehrsberuhigung alleine noch nicht die Endlösung für soziale Probleme ist, fällt einem an der nächsten Ecke auf. Gleiches Spiel, nur mit klaustrophobischen Neubauten. Und schon sinkt der Wohlfühlfaktor beträchtlich. Es wirkt nicht nur hässlich, sondern ungemütlich. Pack noch ein, zwei Spritzen in die Ecke, dann sogar unheimlich. So munter geht es einen ganzen Kiez weiter. In schierer Verzweiflung wurden die Häuser blassrosa angestrichen, zu einer Zeit, als in Westberlin Grau noch zum architektonischen Dresscode gehörte. Geholfen hat das nichts. Zum Glück wird um die Ecke gerade die Flottwellstraße massakriert und voraussichtlich mit genug Luxus vollgeklatscht, um den Mietspiegel so hoch zu treiben, dass sich das ganze Pack aus den pinken Assibunkern nach Hellersdorf verpissen muss. Ein genossenschaftliches Haus soll ausnahmsweise dabei sein. Die Flottwellstraße war bis vor kurzem einer der schönsten Satelliten. Zwischen Mauerstreifen und vergessener S-Bahn war ganz viel Nichts. Links fuhren U-Bahnen der U2 in ein Haus rein, dass sich stur geweigert hatte, ihr aus dem Weg zu gehen. Jetzt ist es der Inbegriff von verkehrsgünstig. Rechts war eine Mauer, das findet der Berliner eh geil, kennt er ja. Und vor allem das einzige Berliner Großbauprojekt ohne Planungsfehler, das ist doch was für den Ordnungsfetischisten. Dazwischen immer wieder maximal zwielichtige Autowerkstätten, Brachgelände und, ja was, Clubs? Es waren Türen in den Mauern, die jeder Szene aus einem David-Lynch-Film Ehre gemacht hätten: blassgelbe, alte, regenschirmartige Planen über dem Eingang, weinrote Türen und mysteriöse Klingeln ohne Namen. Wenn man sein schizophrenes anderes Ich irgendwo treffen wollte, dann hier. Aber im neuen Berlin hat das keinen Platz, damit kann man nicht arbeiten.

Das Viertel zentriert sich um den Sozialpalast, ein Monstrum an menschenverachtender Architektur. Sein Name lehnt sich an den Sportpalast an, der dort vorher stand und in dem der große Pop-Hit »Wollt ihr den totalen Krieg?« sein Debüt feierte. Über die Straße und einen trotzig nicht sprengbar dastehenden Nazibunker reichend, umschließt es noch ein Paar Höfe und trägt in sich, über viele Stockwerke verteilt, menschliches Desaster. Das Gebäude veranschaulicht die Perfidie einer Gesellschaft, die den Krieg von außen nach innen getragen hat.

Der dumpfe fensterlose Nazibunker fuhr noch seinen eigenen Film, er ist ein Mittelfinger im Gesicht der Welt, die ihr faschistisches Gesellschaftssystem dafür aber ganz schnell platt machte. Jetzt steht er rum und wirkt außerirdisch. Ein Bombenbunker, wie das Dritte Reich, die totale Freakshow, die sich die Welt durch Dekaden gegenseitiger Ausbeutung redlich verdient hatte. Und klar, Juden vergasen, halb Europa verbrennen, kitschige Volkslieder singen, das lässt sich heute keinem mehr verkaufen. Gewesen war's natürlich keiner, wählt ja auch keiner CDU. Wohnraum dagegen? Sogar noch preiswert, wenn sich Vater Staat mit astronomischen Betriebskosten bei Sozialmieten abziehen lässt? Zentral, gute Verkehrsanbindung, man muss nur vom Balkon springen und ist auf der Straße. Dazu noch eine Satellitenschüssel? Der Sozialpalast ist eine dieser architektonischen Ausgeburten, die hätten abgetrieben werden sollen. Alles ist eckig, überfunktionalisiert und überdimensioniert. In den Siebzigern sollte jedes Gebäude fähig sein, sofort in eine bessere Zukunft abzuheben, Raumschiffdesign war ganz groß. Dass sich dort wohnen wie ein Starrkrampf anfühlte, hätte jeder voraussehen können. Entweder waren die Berufsutopisten zu einfältig, oder es war ihnen schlicht egal. Bei dicken Bauprojekten fällt in Berlin immer was für die Stempeldrücker ab. Bald wollte dort absolut niemand mehr wohnen, und das Haus wurde ein Musterbeispiel für gelungene Extegration. Aber verkehrsgünstig: Das gefällt dem Berliner. Dass er am unteren Ende einer Gesellschaft krepelt, die nur um des Produzierens selbst produziert und ihn schuldig spricht für seine Unproduktivität, die das Menschsein ausmachen sollte, das versteht er nicht. Was er mitbekommt, ist der Wunsch nach einem neuen Handy, einer Prada-Tasche oder jedem Scheiß, der ihm aus den Medien entgegengekackt wird. Es ist nicht mehr so einfach wie im Naziregime: Die hinterm Rhein sind gegen uns. Nein, jetzt heißt es, alle gegen alle, alternativlos, da Rentabilität Naturgesetz ist. Erholung, Freude oder die physische Natur selbst – Nebensache. Nirgends war das Großkapital so erfolgreich wie an der sozialen Endstation. Jeder sitzt für sich in seiner kleinen Schießscharte und wetteifert mit dem Nachbarn. Obwohl oder vielleicht gerade weil der Sozialpalast bisher fraglos der Tiefpunkt Schönebergs war, klammern sich seine Bewohner an die kleinsten Unterschiede: Die aufgeblaseneren Turnschuhe, der extra Zentimeter Schminke, die überlegene Potenz, die alle anerkennen müssen, wenn man dem Opfa, das blöd geguckt hat, Bombe gibt.

Das Produkt dieser Einstellung lässt sich dort gut beobachten. Das gesichtslose Neubauviertel ist dreckig, laut und schlichtweg deprimierend. Bis auf einen Sprayerladen existiert nicht mehr ein Hauch von Kreativität. Bier am Späti und dem dann die Scheibe einschlagen, das nennt man hier Party. Fast niedlich wirkt der Versuch von staatlich sanktionierten Künstlern, den Sozialpalast durch ein Kunstprojekt aufzuwerten: Die Satelitenschüsseln haben jetzt lustige oder ganz doll tiefgründige Bilder. So schnell kann man soziales Elend in Komik verwandeln.

Richtung stadtauswärts wäre da noch die »Rote Insel«. Die linken Säcke, die dort wohnten, gaben ihr den Namen, wie Gisela Wenzel in »Spurensicherung in Schöneberg 1933« beschreibt: »Als im Jahre 1878 – die SPD war zu dieser Zeit durch das Sozialistengesetz verboten – Kaiser Wilhelm I. nach zwei Attentaten von einer mehrmonatigen Kur nach Berlin zurückkam und die Stadt im ›Hurra-Patriotismus‹ und einem schwarz-weiß-roten Fahnenmeer versank, hatte der Schöneberger Bierverleger Bäcker aus der Sedanstraße die rote Fahne aus dem Fenster gehängt. Für diese unerhörte Tat wurde er des Landes verwiesen. Das Sedanviertel wurde von da an die ›Rote Insel‹ genannt.«

Früher bekamen die Nazis hier auf die Fresse, weil das Leben in den viel zu eng gebauten Mietskasernen unerträglich war und die Bewohner eher linke Ideale hatten. Heute geschieht weder das eine noch das andere. Nazis haben leichtere Ziele wie Friedrichshain oder Neukölln. Und die Einwohner sind zu stumpf oder typisches Lass-uns-mal-pädagogisch-einen-

Kaffee-trinken-und-über-deine-Kindheit-reden-und-betroffen-sein Schöneberger Klientel. Die ursprüngliche Bebauung ist weitgehend erhalten oder wiederhergestellt. In Berlin ist der Unterschied schwer zu sehen, da man meist lieblos wieder aufbaute, aber auch noch Stehendes nach Kräften verschandelte. Das Resultat ist zum Verwechseln ähnlich. Im Osten eher aus Mangel an Mitteln, im Westen aus purer Idiotie und Fetischismus für alles Neue. Die Rote Insel ist ruhig und vergessen, aber hübsch anzusehen.

Bleibt noch Friedenau, die alte Hure. Friedenau ist eine alte Dame von Welt, die sich immer noch mit tonnenweise Make-up und exzentrischen Vorjahrhundertkleidern ein paar Jahre erkaufen will. Hochnäsig tut sie so, als hätte sie es nicht nötig, aber wenn der nach Verwesung stinkende Müllmann kommt, dann lässt sie alle Hüllen fallen. Friedenau ist durch die Autobahn abgetrennt vom Rest Schönebergs. Literaten haben das Quartier entdeckt. Das verwundert nicht, hier stehen viele alte Villen, und es sieht so aus, wie eingebildete Schreiberlinge sich ihre perfekte Umgebung vorstellen: weltfremd. Die Villen und bräsigen Altbauen stehen in der Gegend rum. Was als Selbstgenügsamkeit gedeutet werden könnte, ist nichts weiter als ein sinnloses Dahindämmern. Friedenau war so eine Westberliner Weltflucht, die nach der Wende ihren Sinn verlor, da es keine Russen mehr zu fürchten gab. Das Einzige, was Friedenau blieb, war seine Lethargie. Es war und ist ein guter Platz zum Sterben.

Wer Schöneberg was Positives abgewinnen will, der gehe in den *Volkspark Schöneberg* mit seinen Hügeln und Teichen oder den neu eröffneten Park an der Möckernbrücke. Ansonsten bleibt nur die U4, der Blinddarm des U-Bahnsystems. Zwei mal zwei Wagons fahren gelangweilt im Kreis rum. Da niemand diese U-Bahnlinie allen Ernstes benutzt, um schnell zu einem Ziel zu gelangen, ist die Fahrt sehr entspannt. Zudem hat man Zeit, sich von der Totmodernisierung unbeschädigte Bahnhöfe anzusehen und sich vorzustellen, wie schön Berlin nach einem nuklearen Holocaust wäre.

MARZAHN UND HELLERSDORF

Normalerweise werden Bezirke einzeln behandelt, da die neuen Zusammenlegungen außer zur Rechtfertigung der Einsparung staatlicher Leistungen keinen Sinn machen. Friedrichshain und Kreuzberg sind so verschieden wie ein nebelverhangener Herbsttag und eine schwüle Sommernacht. Marzahn und Hellersdorf nehmen sich aber nicht viel. Das ist alles grau in grau und verdammt deprimierend. Der Leerstand liegt bei zwölf Prozent und ist somit zufällig dem, was der Senat von der ganzen Stadt behauptet, ähnlich. Die Einzigen, die sich darüber Gedanken machen, sind die völlig fertigen Bierprolls in den Eckkneipen dort, und wen interessieren die schon. Da kann man auch gleich Fußball gucken. Damit wäre man in Marzahn-Hellersdorf nicht allein, Fußballfans gibt es dort viele, denn viele sind grob fahrlässig bescheuert. Das wundert nicht, wenn man in Plattenbauten eingepfercht lebt, mit der Zeit werden der eigene Kopf und die eigenen Gedanken immer plattiger.

Natürlich hat sich einiges verändert seit Ostzeiten. Wo der Konsum war, steht jetzt Kaiser's, und das eine oder andere Megaeinkaufszentrum ist gelandet. Mit ihren aggressiven Leuchtwerbungen sehen sie inmitten der Betonlandschaft aus wie in permanentem Gefechtszustand, und das sind sie auch. Sie vermüllen die Einwohner mit teurem Plastikschrott auf Raten, der das Elend komplett macht. Die Unterdrückung folgt dann in Form des Gerichtsvollziehers.

Viele hier würden die DDR gern wiederhaben, denn damals war alles noch einfacher. Vor allem war es ausgeglichener. Keine Frage, wer sich die DDR zurückwünscht, ist so gründlich verkorkst, dass man sie ihm fast geben möchte. Der Vorteil für die Marzahn-Hellersdorfer war aber, dass sie damals nicht der letzte Dreck waren. Die vorgelagerten Retortensiedlungen waren zwar nicht mehr der letzte Schrei wie in den Siebzigern, sondern eher ein langsamer Krampf, aber auf für DDR-Verhältnisse annehmbarem Niveau. Jetzt will sogar der durchschnittliche Berliner nicht mal mehr hinter Lichtenberg rausfahren, um sich zu erschießen. Marzahn-Hellersdorf ist weit weg, und das ist auch gut so. Selbst wer nichts gegen Nazis hat, was auf einen guten Teil der autoritätsgeilen Altberliner zutrifft, den schreckt die schiere Hässlichkeit der Umgebung ab. Am besten ist es noch im Sommer, dann sieht man vor lauter Grün fast nichts. Sobald die Blätter fallen, wird die ganze Scheiße sichtbar und man möchte nur noch kotzen, bis es einem die Gedärme rauswürgt. Nazis gibt es zuhauf, und nicht nur die inaktiven, »Ich-habe-zwar-nichts-gegen-Ausländer-aber …«-Typen, sondern die volle Breitseite Idiotie. Aber nachdem der Unkonforme eins auf die Fresse bekommen hat, ist das meistens vorbei. Gravierender ist das Gefühl, dass selbst im hintersten Wladiwostok mehr Leben stattfindet als in Marzahn-Hellersdorf.

Aus Kostengründen haben sie dort immerhin ihre Irren freigelassen. In den Plattenbauschluchten folgen einem unaufhörlich zahlreiche Augenpaare. Versteckte wollen mit ihrem Blick ins Hirn vordringen, ein Stolpern und Fallen auslösen, Gedanken lesen, was auch immer, Hauptsache, es passiert irgendwas. Die Nazis sind das beste Beispiel. Es geht hier nicht um eine Ideologie, obwohl diese natürlich am einfachsten und daher am naheliegendsten ist. Es geht darum, was zu machen, um der Leere zu entfliehen.

Das Konzept der DDR-Stadtplaner ist voll aufgegangen. In den Satellitenstädten sollte demütige Ruhe und Ordnung herrschen. Die Menschen sollten alles im Mindestmaß haben, aber sich nicht so wohlfühlen, dass sie auf dumme Gedanken kämen. Am wichtigsten war das Einbläuen des Gefühls der Minderwertigkeit. Riesige Straßen, Wohnblöcke und ein Meer aus hartem Beton zerquetschten die kleinen Männchen mental. Das ist bis heute so geblieben und wurde sogar verschärft. Durch die marktwirtschaftliche Wertminderung des Subjekts angesichts eines monströsen globalen Finanzkapitals kann jeder schwarz auf weiß haben, dass er nichts wert ist. Da hilft auch kein Ausländerkloppen und kein böses Starren. Ein neuer Flachbildschirm lässt es einen vielleicht kurz vergessen. Die Wahrheit aber ist: Niemand interessiert sich einen Scheiß für Marzahn-Hellersdorf.

Unter anderen Voraussetzungen, namentlich Kreativität, könnte man das durchaus als Vorteil nutzen. Und, o Wunder, es gibt sogar eine Proberaumplatte mitten in der Einöde. Das versteht die Stadt unter Kreativität. Es könnte trotzdem ein bisschen Werbung brauchen, aber nur weil's ansatzweise kreativ ist und der Bezirk das wirklich brauchen kann, würde ich's trotzdem nicht machen. Doch ist es auch ein Beispiel für einen gelungenen Kampf für grundlegene Rechte. Also: Das ORWO-Haus produzierte für die gleichnamige Filmgesellschaft in der DDR Filme. So weit, so öde. Danach kam ebenfalls der Standard: Während die Neu-BRDler im D-Markkaufrausch versanken, riss sich die berüchtigte Treuhand das Haus unter den Nagel. Das Merkmal der Treuhand war, dass sie den unpassendsten Namen seit der Deutschen *Demokratischen* Republik hatte. Sie war eher eine Veruntreuhand. Die Treuhand tat ihr Bestes, vorhandene Potenziale nicht zu nutzen und alles möglichst reichen Interessenten aufzudrängen. Die konnten dann die Belegschaft entlassen, alle Wertgegenstände verkaufen und den Gewinn des Öfteren dann gleich ab in die Steueroase schwirren lassen. Michael Rottman hat sich da löblich hervorgetan, mit satten 100 Millionen Euro Schaden. Selbst wenn die Treuhand dafür da gewesen wäre, die Ossis rechtschaffen für ihre neue Konsumfreiheit bluten zu lassen, ging das nach hinten los. Am Ende waren alle am Arsch, und das hieß dann BRD. Das ORWO-Haus wurde von einigen Musikerfreaks zwischengenutzt. Die machten sich alles schick, und als sie fertig waren, schmiss der Senat sie aus Brandschutzgründen raus. Niemand kann und wird je den Brandschutz erfüllen können. Auch die O2-Arena tut es nicht, wenn's da brennt, bekommen alle Besucher der Kreischpopkonzerte ihre gerechte Strafe. Aber weil die *too big to fail* ist, wurde mal eben der Brandschutz geändert. Da hat doch wohl niemand geschmiert? Das konnten sich die Musiker nicht leisten, und so mussten sie kämpfen. Sie besetzten das Haus kurzerhand und wandten sich an die Medien. Das wäre nichts Besonderes gewesen, denn in ein paar Wochen hätte man sie rausknüppeln lassen. Aber dann taten sie das Schlimmstmögliche: Sie setzten sich auf die Straße. Im Autoland Deutschland den Verkehr aufzuhalten, ist das ultimative Sakrileg. Da musste eingeschritten werden, und bevor man »Fickt euch, ihr korrupten Säcke« sagen konnte, erhielt das Haus den öffentlichen Segen. Aber am durchschnittlichen Marzahn-Hellersdorfer geht das vorbei. Seine Lebenswelt spannt sich zwischen Angstzonen am Platteneingang, den Treppen vor Kaiser's und DSDS.

Es gibt noch wen. Versteckt lebt er in der gerüchteweise größten Reihenhaussiedlung Europas: Mahlsdorf. Dort und in der Umgebung existiert ein groteskes Bürgertum. Teilweise apathisch in der Resignation gegenüber der Post-DDR-Welt und der Unmöglichkeit, in den Landesgrenzen Berlins einen Mond zu simulieren, teilweise betont protzig aufgrund von Komplexen, dass man nicht in Tempelhof, geschweige denn in Zehlendorf wohnt. Es gibt nicht mal eine Autobahnanbindung, den Ritterschlag des ignoranten Zukunftsverweigerers. Dass Mahlsdorf so weit zerläuft, macht es schwer, Exklusivität vorzugaukeln. Nur wer nah an den Platten lebt, kann sich genüsslich in den bösen Blicken der Plattenbewohner sonnen. Bestenfalls laden sich die Reihenhaussiedlungen mit den Platten gegenseitig in der illusorischen Bedeutungsspannung auf. Wahrscheinlich aber nicht mal das, selbst Derrida hätte sich mit Grausen abgewendet. So viel Sinnlosigkeit hätte er nicht ab gekonnt.

STEGLITZ-ZEHLENDORF – MENSCHLICHE DUMPINGWARE

Keine Lust auf Berlin und ausreichend Kleingeld in der Portokasse, um es sich leisten zu können, in Berlin zu sein, ohne in Berlin zu sein? Dann ist Steglitz-Zehlendorf die richtige Adresse. Die *Berliner Zeitung* (3.4.2009), immer auf der Jagd nach Bonzen, weiß: »In Berlin gibt es zwar sehr viel arme Menschen, aber auch eine große Anzahl wohlhabender Bürger. Nach dem am Mittwoch vorgestellten Sozialstrukturatlas gelten rund 447000 Menschen als arm. Das sind 13,2 Prozent der Berliner. Ihnen stehen für Miete und Lebensunterhalt pro Kopf weniger als 706 Euro monatlich zur Verfügung. Als reich gelten immerhin 9,5 Prozent der Berliner. Das sind jene, die ein Monatsnettoeinkommen von mehr als 2354 Euro haben. Das entspricht 200 Prozent des durchschnittlichen Nettoeinkommens und mehr. Die Angaben beruhen auf Daten aus dem Jahr 2006. Der Bezirk Steglitz-Zehlendorf weist mit sechs Prozent die niedrigste Armutsquote auf … Der Anteil der Reichen ist in Steglitz-Zehlendorf am höchsten. Hier verfügen 21 Prozent der Bürger über mehr als 2354 Euro monatlich.« Villen mit 15 Zimmern, Wohnfläche zirka 534 m² gibt es schon für 7500 EUR (zzgl. Nebenkosten natürlich). Auch diese zwei Bezirke werden wegen ihrer inhärenten Ödnis zusammengefasst. Flächenmäßig machen sie fast ein Viertel Berlins aus, das nämlich, das sehnsüchtig Richtung Schwarzwald, Frankreich oder zumindest Hessen zeigt. Liegt der typische Berliner mental und sozial im Rinnstein, so ist der Steglitz-Zehlendorfer derjenige, der borniert drumherum schreitet und insgeheim gerne noch nachtreten würde. Da er gut erzogen ist, unterlässt er das und kauft sich im Konfektionsgeschäft noch einen schönen Mantel aus Tierleiche. Leichen sind überhaupt der richtige Topos. Ja, auch hier verfaulen die Menschen bei lebendigem Leib, versuchen dabei aber, sich selbst auszustopfen und wie jene schönen Mäntel auszusehen. Lange dauert es sowieso nicht mehr, der Altersdurchschnitt des Bezirks dürfte für Berlin weit oben stehen. In den versteckten Villen und eingezäunten Gärten türmt sich meterhoch verschwendete Lebenszeit. Rasen wird von bediensteten Subsubsistenzunternehmern in schönster Kolonialmanier auf Millimeterhöhe gekürzt, nur um dann beim ersten Sonnenstrahl mehr Wasser zu bekommen als zehn minderwertige Negerkinder. Steglitz-Zehlendorf sieht so aus, wie sich Protestanten den Himmel vorstellen. Satt. Sicher. Sauber. Und verdammt langweilig. Abwechslung hier beschränkt sich auf den Kauf neuer Klamotten oder Autos. Wenn das nicht reicht, liest man, da man ja gebildet ist, in der *Zeit* oder ähnlichen rechtsliberalen Wichsblättern, wie faul und lebensunwert der Rest der Welt doch ist. Mehr noch als Prenzlauer Berg oder Mitte hängt in Steglitz-Zehlendorf der Dunst der Selbstgerechtigkeit. In München oder Silicon Valley würden die satten Villen nicht auffallen, doch im Kontrast mit dem abstoßenden Stadtfortsatz Restberlins kommt für den Egozentrierten richtig Freude auf.

Natürlich gibt es auch auf hohem Niveau Abstufungen. Steglitz ist definitiv minderwertiger als Zehlendorf, und das weiß es auch. Da hilft auch die Schlossstraße nichts, die größte Einkaufsmeile des Bezirks. Sie ist vollgepflastert mit den üblichen verdächtigen Kaufhäusern, nur ist alles ein wenig teurer und glänzender. Die Einkaufpassage, die sich »das Schloss« nennt, frisst den ahnungslosen U-Bahnfahrer gleich vom U-Bahnhof weg. Drinnen ist alles ein Starrkrampf aus Gold-, Marmor- und Edelsteinimitat. Arabische Hochzeitsläden an der Sonnenallee in Neukölln sind bescheiden gegen das, was einem hier zugemutet wird und für den Steglitzer eine Lebensrealität darstellt. Niemandem ist das peinlich, so abgestumpft sind die Menschen hier.

Um die Schlossstraße versucht Steglitz, noch ein bisschen Stadt zu spielen, was aber keiner wirklich ernst nimmt. Nach ein paar Reihen Altbauten tauchen die ersten Villen und in ihnen geisternde Schreckgespenster auf. Nur da, wo Westberlin mit guter Verkehrsanbindung durch Autobahnen schlechte Wohnverhältnisse geschaffen hat, weht ein Hauch von Urbanität. Viel ändert sich an der oberen Mittelklasseödnis nicht, generell ändert sich in Steglitz wenig, es hat nicht wirklich eine Daseinsberechtigung. Herausstechend ist nur Lichterfelde Ost, das obligatorische Plattenbauviertel. Nicht ganz so bombastisch wie Gropiusstadt oder das Märkische Viertel reicht es doch, um den Steglitzern den Angstschiss durch die zugekniffenen Arschbacken spritzen zu lassen.

Zehlendorf ist noch satter und selbstverliebter. Von den Villen unweit des Ku'damms bis hin zu den im Wald verbarrikadierten Anwesen kann man sich hier seiner selbst sicher sein. Wie das Amen in der Kirche. Zehlendorf, das ist *Top-End*, hier beantwortet der Mercedes-Maybach alle Fragen, hier werden Königspudel vom Personal im Grunewald ausgeführt, keine Frage. Klar, dass die Mauer weg ist, ist ein tragischer Zwischenfall, da das mühsam aufgebaute Fluchtareal um den Grunewald strategisch jetzt weniger Sinn ergibt. Um so vehementer kapselt sich Zehlendorf von der Welt ab. Die autistischen Kieze vom Mexikoplatz bis ins tiefste Nikolassee wirken trotz ihrer aufgesetzten Grandesse verwaist. Nikolassee ist ein solches Filmset. Schon der S-Bahnhof ist ein kleines Schlösschen, in dem man sich höchstwahrscheinlich alleine wiederfindet. Wer hier wohnt, fährt mit dem Auto, höchstens die Dienerschaft drückt sich beschämt in die Seitenstraßen. Es gibt alles, was eine achtzigjährige Witwe so braucht, Blumenladen, Konditorei und Lebensmittelladen, aber auch nicht viel mehr. Seine Jugend hier zu verbringen ist hart. Natürlich ist der Blick von der hauseigenen Dachterrasse schön, und man sieht auch mal diesen oder jenen Minister. Dieser sieht einen aber besser durch die Überwachungskameras an seinem Haus, und er holt ganz sicher die Bullen, wenn sich nichtnormiertes Verhalten ankündigt. Während man in Wedding als Heranwachsender prächtig auf die Fresse bekommen kann, müssen die Zehlendorfer ihre Herausforderungen im Park suchen. Wie Urwaldforscher gehen sie vorsichtig mit ihren neuen Turnschuhen über die Wiese, um nicht in Hundescheiße zu treten. Schön, jeder sucht sich eben das, wovor er Angst haben kann. Hässlich wird es nur, wenn der Spross schon mit 27 das Nest verlassen muss und nicht die Bude in Prenzlauer Berg oder am besten gleich um die Ecke gesponsort bekommt. Glücklicherweise ist das meist der Fall.

Zehlendorf ist ein Abbild von sich selbst, mehr nicht. Das ist das maximal Echte, das hier erfahren werden kann. Wirklich entspannt wird es erst tief im Grunewald, hauptsächlich weil da bis auf die getriebenen Jogger niemand ist. Zwar ist der Forst von Wegen durchzogen und so natürlich aufgeteilt wie ein Schachbrett. Doch die Seen, die Havel und der Teufelsberg bergen hinreichend Regenerationspotenzial, dass der Berliner sich selbst und die Stadt wieder ein paar Tage ertragen kann. Das wussten wohl auch die Zehlendorfer. Allerdings wird besonders der Schlachtensee wegen der anliegenden S-Bahnstation jeden Sommer von Gewöhnlichen gestürmt, zum Ärger der Anwohner. Sie hassen die Normalsterblichen, aber auch die hassen sich untereinander: Wer einen Platz zum Liegen auf dem halben Meter zwischen Weg und See ergattert, muss sich mit treibenden Windeln, Binden und soziopathischen Hunden anfreunden. Öfters werden auch die Bullen gerufen und durchsuchen 14-Jährige nach dem, was man in Zehlendorf immer noch Paffzigaretten nennt. Cholerische Rentner haben sie so oft gerufen, dass sich Wannen der Polizei wie fette Nilpferde im Schritttempo den Erdweg am See entlang pressen. Kein Berliner Badeerlebnis kommt ohne den knirschenden Reifen 15 Zentimeter hinter dem eigenen Arsch aus, wenn die Wanne einen fast in den See drängt. Die Ruderboote bringen auch nur bedingt Freude, da auf dem See immer Rushhour ist.

Wem das alles zu viel ist, der kann sich an den Teufelssee setzen. Das Einzige, was man dort ertragen muss, sind alte Genitalien. Der See ist Treffpunkt für alle, die sich dafür nicht schämen und davon nicht kotzen müssen. Es ist kein offizieller FKK-Strand, dafür sind die Althippies in allem außer Parteipolitik viel zu »anti-establishment«. Hier frönt man einfach der Natur, und das schließt von Dekaden Dekadenz zerformte Körper großzügig mit ein.

Der Teufelsberg ist nebenan, natürlich auch nur wieder ein großer Haufen Schutt, aber immerhin hoch. Außer seinem einladenden Namen hat er oben noch viel Wind zu bieten. Berliner lassen hier gerne Drachen steigen und hauen sich auf die Fresse, wenn die sich verwickeln. Richtig unheimlich wird es in manchen Nächten: Massenhaft Sparfüchse strömen dann auf den Berg, um das Feuerwerk von Großveranstaltungen im Olympiastadion zu sehen. Der Ausblick ist annehmbar, die Atmosphäre zum Kotzen. Wohlsituierte Jugendliche in Polohemduniformen saufen sich die Komplexe weg, die ein überbehütetes Leben ohne Herausforderungen schafft. Es ist voll wie auf einem indischen Bahnhof, die Leute wirken wie ein Haufen Urmenschen, die auf den Weltuntergang warten. Leider kommt der nicht. Wenn alle wieder in ihre Schuhkartons entschwunden sind, betreten die eigentlichen Stars Steglitz-Zehlendorfs die Bühne und zerwühlen sie bis zur Unkenntlichkeit: Die Wildschweine. Berlin hat in seinen Randbezirken die höchste Wildschweindichte Europas. Wohlstandsmüll satt und unsinnig viel Kiefernforst machen das Terrain ideal. Die Terrorcrew hat sich einen Namen gemacht, indem sie den erschreckten Zehlendorfern des Öfteren die Parks und Vorgärten verwüstet hat. Genüsslich schmatzen sie teure Tulpenzwiebeln weg und beleidigen mit ihrem sonoren Grunzen die besten Geschmäcker. Dafür dankt ihnen Allah sicher, sie sind die Einzigen, die Leben nach Zehlendorf bringen.

Eingepfercht zwischen Steglitz und Zehlendorf liegt ein weiteres großes Existenzvakuum: Die Freie Universität Berlin. Was eine Stätte der Bildung und Innovation für zukünftige Generationen sein sollte, ist nichts weiter als eine herbe Enttäuschung. Dabei waren die Anfänge vielversprechend. Aus Trotz und Unbedeutsamkeit gründete eine Handvoll aus der DDR extegrierte Studenten mit tatkräftiger Hilfe des ideologischen Sperrfeuergebers USA die Universität im noch frisch zerbombten Nachkriegswestberlin. Dahlem war damals noch nicht die teuerste Wohngegend Berlins, sondern bestenfalls ein schlechter Witz. In halbagrarischem Ambiente faulten die alten Gemäuer vor sich hin, die die Universität beherbergen sollten. Der ideologische Mörserangriff ging allerdings nach hinten los, denn in der Universität wurde tatsächlich freies und kritisches Denken gelehrt. Das führte dazu, dass die so Gelehrten die konsumistisch-autoritäre Selbstbefriedigungsmaschine, die die BRD damals war und heute noch ist, ablehnten. Die FU entwickelte sich zu einer Hochburg der studentischen Proteste und der vaterlandsverräterischen Hippiebewegung. Auch die Grünen dürften aus ihrem Dunstkreis hervorgegangen sein, zu allem Überfluss. Bis auf die parteitechnische Organisation kann das Projekt einer reflektierten Gesellschaft trotzdem guten Gewissens als gescheitert bezeichnet werden. Die überwiegende Mehrheit der Menschen wollte eben Kaffee mit dreifach Zucker, auch wenn dafür die gesamte Dritte Welt versklavt werden musste. Das war auch ihr gutes Recht, wenn nicht sogar ihre Pflicht als konsumierende Individuuen.

Mittlerweile hat die FU den Anspruch an charakterliche Bildung fallengelassen und wird mehr und mehr zu einer Produktionsstätte für menschliches Arbeitsmaterial. Was nicht unbedingt ihr anzulasten ist, es besteht ein starker gesellschaftlicher Wunsch nach sexy Eliteuniversitäten, Ausgrenzung auf allen Ebenen, also auch auf der Bildungsebene, und der Verbetriebswirtschaftung aller Studien- und Lebensbereiche. Es ist schwer, den Studenten in diesem Klima der

Selbstverdummung vorzuwerfen, die mentale Fehlgeburt einer inzestuösen Zeit zu sein. Aber es ist machbar.

Der Berliner Student hat sich seit der Zeit der sozialen Revolte der späten Sechziger bis zur Unkenntlichkeit selbst domestiziert. Eine Ursache dieser Entwicklung ist mit Sicherheit das Auswahlverfahren für den Universitätseintritt. Die praktische Aussage der politischen Entscheidungen ist diese: Bildung soll nur den Besten zugute kommen. Durch das extrem reglementierte Bachelor-Master-System wird die Universität zu einer Fortsetzung der Schule mit anderen Mitteln. Prüfung jagt Prüfung und stellt sicher, dass der Student sich dem Leistungsdruck fügt. Wehe dem, der sich nebenbei nicht in unbezahlten Praktika und hochwürdenehrenamtlichen Tätigkeiten feilbietet, er hat schlechte Chancen, in den immer rarer werdenden Berufen der Zukunft die ultimative Auszeichnung eines Lebens voller Presslufthammerbildung zu bekommen: Ein Leben voller unselbstbestimmter Arbeit. Es wundert nicht, dass sich laut *Tagesspiegel* ein Drittel der Berliner Studenten vorstellen kann, sich für das Studium zu prostituieren. Das ist Flexibilität am Arbeitsmarkt. Berlin tut so sein Möglichstes, um den Standortfaktor Prekariat zu erhalten. Billige Arbeitskraft ist das Einzige, das Berlin zu bieten hat, und das soll auch so bleiben.

Da alle Studiengänge auf Verwertbarkeit hin ausgerichtet sind, lässt sich jeder einzelne in unterschiedlich konzentrierte Betriebswirtschaftslehre übersetzen. Der Universalwirtschaftsstudent prägt folglich das genormte elende Stadtbild: brav, leicht trendig, stromlinienförmig: Ein Minimum an Persönlichkeit ergibt ein Maximum an Ausbeutungsbereitschaft. Der eklatante Mangel an eigenverantwortlicher Lebenszeit hat sie zu ängstlichen, unselbständigen und weltfremden Halbindividuen gemacht. Der Student ist exakt das, was Funktionseliten feuchte Träume beschert: ein menschliches Rädchen. Schön kann man das auch an der Technischen Universität in Tiergarten beobachten. Das weitläufige Gelände zwischen

Gründerzeitruine und Siebziger-Futurismus besticht durch seine Ruhe. Kaninchen hoppeln umher und sehen ebenso dumm und ängstlich aus wie die Studenten. Fast alle von ihnen sind Naturwissenschaftler, weil Zahlen ihnen nicht so weh tun können wie Menschen. Ihre vermeintliche Objektivität lässt sie noch weniger hinterfragen als die geisteswissenschaftlichen Labertaschen der anderen Unis, die wenigstens durch ihre Unverwertbarkeit auf dem Markt gezwungen werden, das System von außen zu sehen.

Die FU Berlin und die anderen Berliner Universitäten sind die Kombinate, in denen menschliche Dumpingware ausgestanzt wird. Es ist frappierend, wie sehr dieses Konstrukt die kleinen Menschlein dort bis zur Unkenntlichkeit verwüstet. Durch die labyrinthischen Gänge dessen, was jemand in den Siebzigern mal als revolutionär ansah, stehlen sich menschliche Trauerspiele. Repräsentativer, aber nicht minder minderwertig ist die Belegschaft der altehrwürdigen Humboldt Uni. Sie muss sich durch Touristenströme Unter den Linden kämpfen, nur um jeden Tag aufs Neue von Karl Marx gedemütigt zu werden, der ihnen im Foyer Weisheit entgegenschreit: »Die Philosophen haben die Welt nur verschieden interpretiert; es kommt aber darauf an, sie zu verändern.« Als ob dazu zwischen Prüfungsangstattacke, Sozialphobie, Einsamkeitsheulkrampf und Stressdurchfall von zu viel Coffee to go noch Zeit wäre.

Das, was die Unis in die Welt rausscheißen, ist nichts weiter als halbverdauter Menschenmüll. Es wundert nicht, dass, wenn es dieser schafft, seine Lebenszeit gegen Geldwert einzutauschen und irgendwann in Zehlendorf zu landen, der Arroganz keine Grenzen gesetzt sind. Nicht, dass Arroganz etwas Schlechtes wäre. Es gibt wenig Erfrischenderes als ein gerechtfertigtes Niedermachen einer Idiotie. Sich aber über das Statusgestotter zu definieren, das in Zehlendorf aus allen Ecken rauscht, ist arm. Schlussendlich kann man sagen, lieber im Wedding in der letzten schimmligen Ecke vegetieren, als sich das Halbleben eines Zehlendorfers geben zu müssen.

Es gibt allerdings auch kleine Lichtblicke in Zehlendorf. Das *York Kino* direkt neben der FU ist einer davon. In einer kleinen Villa steht es ungefragt und unverwüstlich da, die Antithese zu einem Multiplex. Obwohl es in Zeiten der freien Verfügbarkeit von Filmen reichlich unrentabel ist, sich in ein Kino zu setzen, sind fast alle York-Kinos es schon wegen des Ambientes wert. Wie aus der Zeit gefallen ist auch die Pfaueninsel. In einem letzten Zipfel des früheren Westberlins liegt sie in der Spree und – Vorsicht – hat keine Brückenanbindung. Für den Berliner

ist das das Maximum an Abenteuer. Gerne wartet er ewig in der Kälte auf die Fähre, die ihn die 100 Meter bis ans andere Ufer bringt, nur um dann in einer neuen Kulisse zu sein. Sie ist noch schlampiger gefertigt als Nikolassee, sogar das weiße Schloss ist aus Pappmache. Sie entspricht aber exakt dem Bild, das der Neopreuße von gepflegt edler Natur hat. Hier eine pitoreske Ruine, da das weiße Schloss, ein paar Pferde im Stall und ganz viel raschelndes Schilf. Irgendein Arsch hat aber eine Pflanze ausgesetzt, die im Sommer höllisch nach Zwiebel stinkt. Und die Kanackenassoziation macht jeden Möchtegernbourgois auf Dauer mürbe. Was man der Pfaueninsel zugute halten muss: Es gibt Pfauen. Anders als die Treuhand steht sie zu ihrem Namen. Die laufen frei herum und entblößen ungeniert ihren Arsch, wenn sie Räder schlagen. Das Beste daran ist: Es ist wahrscheinlich der größte hundefreie Ort in Berlin.

Vor der ach-so-berühmten Glienicker Brücke liegt dann noch Wannsee – für die totalen Stadtverweigerer. Viel Wald, ein im zweiwöchigen Sommer überfülltes Stadtbad, sonst nichts Besonderes. Außer einem Atomreaktor. Genau, ein Atomreaktor gleich bei der Stadt, obwohl drum herum hunderte Kilometer nichts ist. Natürlich dient er der Menschheit nur zu Forschungszwecken, also kein Problem. Ist ja nicht so, als ob das Erbgut hier noch schlechter werden könnte, sollte bei dieser sich wiederholt als unfehlbar erwiesenen Technologie was schiefgehen.

PANKOW-WEISSENSEE

Ja, es gibt noch was, und zwar Pankow-Weißensee. Diese zwei Bezirke sind gleich genug, um sie in einem Atemzug zu nennen, aber zu artfremd von Prenzlauer Berg, um sie damit zusammenzulegen, wie die Stadtoberen es offizialisiert haben.

Gemeinsam haben beide die ehemalige Rückzugsfunktion für die DDR-Staatseliten. In Pankow gab es viele Villen, in denen man sich abschotten konnte. Das war gut, denn dann musste man sich nicht in den direkten Schwanzvergleich mit Zehlendorf stellen, was zu Peinlichkeiten geführt hätte. Pankow, da fuhr der Sonderzug hin. Und auch nur abgewrackte Vollalkis, die über den sangen, fuhren mit. Nach Pankow wollte damals niemand, außer es gab was mit den Russen zu handeln. Die hatten dort ihre monströse Kaserne. Die wurde nur noch von der in Karlshost übertroffen. Der Kapitalismus hat sie jetzt bezogen und baut, Überraschung, Townhouses. Früher lebten dort russische Militärs den DDR-Bürgern vor, dass es anderswo noch beschissener sein konnte. Nichtsdestotrotz musste der senile Randbezirk als Paradebeispiel der Völkerfreundschaft herhalten. Auf den Promenaden wurde weniger promeniert als marschiert, die Anwohner mussten wie heute beim Papst ihre Fenster zuhalten. Strikte Anweisung damals von janz oben. Es hätte ja einer der Faschisten, die wirklich darauf brannten, in einem Randbezirk von Berlin wen umzulegen, einen Militär erschießen können. Umziehen war auch nicht, denn schon herziehen zu dürfen war ein Privileg. Und es sollte ja kein systemfeindlicher oder, schlimmer, kriegsverweigernder Schwächling die Anwesenheit der Militärs und ihr einwandfreies Karma stören. Autoritäre Strukturen ändern sich eben schwer. Obwohl hier niemand, wirklich keiner, einfach niemand das Naziregime mit der DDR gleichsetzen will. Scheiße waren sie trotzdem beide, und das Bedeutungsfeld von Scheiße ist gnädig weit.

Weißensee war nicht viel besser, eher schlechter. Es ist im Verhältnis zu Pankow, was Steglitz zu Zehlendorf ist: erbärmlich. Klar, auch dort gab es Funktionärshäuschen, größtenteils deprimierten aber normale Ostbürger vor sich hin oder ertränkten sich im Weißen See.

Nach der Wende gab es in beiden Bezirken Aufwind, viel schlechter konnte es ja auch nicht werden. Pankow wurde um die Vinetastraße zum Ausweichquartier für jene, die sich Prenzlauer Berg nicht leisten konnten und es aber wider den gesunden Menschenverstand erstrebenswert fanden, in der Nähe zu wohnen. Und wirklich, es sieht in den ruhigen Seitenstraßen an einigen Ecken noch so aus, wie es in Prenzlauer Berg früher ausgesehen hat. Ein wenig abgeranzt, ein wenig echt. Das Fehlen von Saufkultur ließ einem anderen Schädling allerdings freies Feld: den Müttern. Und ihrem ekelerregenden Harmoniebürgertum. Alles, was nicht kotzeverschmiert ist, lässt sich in Windeseile in eine Idylle umformen, und so ist es denn geschehen. Die Kinderwagenkolonne rolle zur Freude aller, die Berlin eigentlich scheiße finden und lieber auf dem Land wohnen würden. Artikel in hysterischen Stadtmagazinen priesen den Bezirk als Geheimtipp, als das letzte bisschen Kreativität schon lange zusammen mit vollen Windeln entsorgt war. Die Randbezirke brauchten nur wenig Aufbesserung und können sich in ihrer Mittelmäßigkeit gut und gerne mit Mahlsdorf messen.

Da, wo Berlin unmotiviert ausfasert, in Heinersdorf, kann man schon mal eine Wiese sehen. Zu schön, um wahr zu sein? Ja, denn alles, was hier grün ist, war vor noch nicht allzu langer Zeit ein Rieselfeld. Für Berliner: Da wurde die Kacke verspritzt. Direkt dahinter kündigt sich blanke Ödnis an: Blankenburg. Im gleichnamigen Pflasterweg hat man einen Golfplatz auf das

Rieselfeld gebaut, in der Hoffnung es würde sich ein zweites St. Tropez entwickeln. Hat merkwürdigerweise nicht geklappt. Daneben stehen gruselige Platten, die seit der Wende verfaulen. Sie sind zu peinlich für den Senat, also hat er sie kurzerhand als Außenbereich umdefiniert. In der grenzdebilen Stadtplanersprache bedeutet das so viel wie Wald. Vor allem verhindert es, dass mit den Gebäuden noch irgendwas Nützliches angestellt werden kann. Gerade noch mal Glück gehabt, Berlin platzt ja förmlich vor billigem Wohnraum, Kitas und Kindergärten. Immerhin kann man jetzt drinnen rumkraxeln und sich ein bisschen aufregender fühlen, als man eigentlich ist. Der Senat glaubt, die Waldtaktik würde alle täuschen, von daher sind Sicherheitsdienste kaum zu erwarten. Wer seinen Angstcharakter ultimativ ausleben will, nimmt aber besser an einer geführten Tour teil. Die verfallenen Gebäude, durch die es dann geht, eignen sich auch besser zum Verklären der Vergangenheit.

Heinersdorf machte sich einen Ruf als intolerantes Nest. Als eine Moschee gebaut werden sollte, erwachte das aufrechte Bürgerbewusstsein und fand das überhaupt nicht in Ordnung. Immerhin sei man hier in Deutschland und nicht sonst wo. Da könne man ja gleich Kamele ficken. Es war ein Riesenbrimborium, das jede gern aufgeklärte Gesellschaft sich vor Scham hätte einnässen müssen. Nebenbei: 40 Prozent der Berliner würden ein Verbot von Minaretten befürworten (2009). Im Osten der Stadt ist der Anteil der Minarettgegner noch größer. Die Moschee wurde trotzdem gebaut, und die ersten Selbstmordanschläge lassen immer noch auf sich warten. Die Kamele können auch noch laufen. Es beschreibt Pankow schon ganz gut, dass dieser Vorfall das Einzige ist, was dem Berliner davon im Gedächtnis bleibt. Mehr ist dort einfach nicht passiert.

Will man aus unerfindlichen Gründen nach Heinersdorf, dann lohnt sich ein Abstecher zum ehemaligen Wasserturm. Wie ein verfaultes, aber unermüdlich standhaftes Weichteil ragt er in den Himmel und kündet weithin davon, dass sich niemand für Heinersdorf interessiert, wenn sie nicht gerade Moscheen attackieren. Oben besoffen sich einst Russen mit der Flak, Eingeborene berichten, es soll hoch hergegangen sein. Natürlich stehen Investoren in den Startlöchern, die ihn luxussanieren wollen. Wenn dringend luxussaniert werden muss, dann ist Heinersdorf vielleicht nicht der schlechteste Ort. Vorschlag: Das ganze Dorf wird saniert, für jedes Haus wird eins im Zentrum entsaniert: Fassade bewerfen, Klingeln abschlagen, in den Flur pissen, Mülltonnen anzünden.

Weißensee hatte da mehr Glück, denn es war und ist nicht so schön. Folglich fanden weder DDR-Eliten noch Hipster- oder Mutterkolonnen es lecker genug, um es zu vertilgen. So wurde es irgendwie vergessen, was nicht das Schlechteste ist. In Weißensee hat man gute Gelegenheit, noch viele Altberliner Stumpfköpfe zu erleben, um dann wieder abzuhauen und froh zu sein, nicht dort leben zu müssen. Es gibt allerdings die Kunsthochschule mittendrin. Zu DDR-Zeiten Kaderschmiede im Bereich der Ästhetik, der wie alles andere ein Kriegsschauplatz war. Heute Konkurrenzveranstaltung zur Universität der Künste in Charlottenburg. Das Verhältnis der beiden Unis beschreibt den Unterschied zwischen West und Ost und den Bezirken: Die UDK ist groß, renommiert und arrogant. Sie produziert Kreativität am Fließband und erhält dafür Entlohnung nach Masse. Die Menschen, die aus ihr herauspurzeln, sind meistens sozial ungenießbar. Das ist nicht weiter schlimm, da sie in ihrem eigenen Kosmos die Sonne sind, und das reicht. Weißensee hingegen ist klein, beschaulich und meint es wirklich Ernst mit dem Vorankommen der Künstler in spe. Verrücktheit ist hier kein Manko, sondern wird gefördert. Hier kann sich jeder ausleben, der meint, das Leben sei mehr als der übliche Vollwaschgang. Gut, viele meinen, das richte die zugrunde, die in ihrem Leben nichts mehr brauchen als eine harte Ansage. Davon gibt es, den gesellschaftlichen Umständen geschuldet, einige. So wie sich viele ein Leben ohne hirnfräsende Lohnarbeit nicht mehr vorstellen können, hat die Entwicklung seit der frühen industriellen Revolution Menschen zu Befehlsempfängern gemacht (nein, auch das Mittelalter war scheiße, aber das ist eine andere Geschichte). Sie wurden aktiv verbildet, um zu gehorchen, und brauchen nun Befehle. Kühe fühlen sich wohl, wenn man sie leicht einquetscht. Ebenso können viele sich nur im Gerüst von Anweisungen wohlfühlen. Es ist wie Scientology, gib Mantel, Verstand und vor allem Knete an der Tür ab, und alle haben dich lieb.

Das Viertel um die Kunsthochschule ist eine Reise in die Trostlosigkeit. Kleine Altbauten vergrätzen Investoren, da man in ihnen nicht ausreichend Menschenmaterial für Rentabilität stapeln kann. Also faulen Gebäude und Einwohner vor sich hin und hoffen, irgendwann aus dem bösen Traum der absoluten Vernachlässigung zu erwachen. Phänomenal abgewrackte Alkipärchen schleppen sich durch die Straßen und ranzen sich gegenseitig über ein paar Cent Flaschenpfand an. Männer in den besten Jahren, die nicht mal mehr den Mumm haben, Wedding-Cowboys zu sein, versammeln sich an Spätis und versuchen, wenigstens den Anschein von Würde zu behalten. Durch alles rasen entnervte Autofahrer im dritten Weltkrieg des Straßenverkehrs, die die naheliegende Autobahn nicht finden. Ruhiger ist es da in den teilweise noch original graubraunen Neualtbausiedlungen. Hier kann man vergessen, dass die Mauer gefallen ist, man in Polen, Deutschland oder Russland ist oder dass es ein Morgen gibt. Weißensee, das ist das Wachkoma Berlins.

KREUZBERG

Der wohl bekannteste Berliner Bezirk hat seine Reputation nicht halb verdient. Sein größter Vorteil ist noch die Schönebergische Mischung, wobei die sich komplett eine soziale Oktave tiefer abspielt. Wenn man Kreuzberg sagt, denkt der TV-Bildungsbürger an Hippies, Revolution, die Grünen, Türken und hat vielleicht ein bisschen Angst. Zu Recht, denn dem, der sie hat, sieht man sie an, und er ist der Erste, dessen Handy weg sein wird. Im Gegensatz zu den Satellitensiedlungen am Stadtrand oder Wedding ist Kreuzberg kriminalitätstechnisch kalter Kaffee. Selbst wer am Kotti, dem Arschloch des Bezirks, nachts seine Runden dreht, wird wenig Stress bekommen, höchstens mannigfaltige Angebote für garantiert reine und preiswerte Drogen. Verkauft werden die von echten Freunden, die es aus ganzem Herzen gut meinen. Bis das Blei im Gras die kleinen weichen Hirnzellen zerplatzen lässt. Schlimmer sind nur die dran, die keine Drogen verkaufen:

»In der Station Kottbusser Tor in Kreuzberg überfielen gegen 17.45 Uhr drei Unbekannte einen 48-Jährigen. Einer der Täter hatte den Mann zunächst gefragt, ob er Drogen verkaufe. Als dieser verneinte, stürzte sich der Täter, zusammen mit zwei Komplizen auf den Fahrgast. Sie schlugen den Mann mit einer vollen Glasflasche ins Gesicht und traten auf ihn ein. Einer der Schläger zog ein Messer. Der 48-Jährige konnte den Stichbewegungen des Angreifers zwar ausweichen, stürzte aber zu Boden. Das Trio stahl die Geldbörse des Opfers und entkam.«
Berliner Zeitung (6. 1. 2012)

Am Kotti sieht es noch immer schön abgewrackt aus. Das ist hauptsächlich der Architektur geschuldet, die in den sechziger Jahren in einem Anfall von Städtebau um den Platz geworfen wurde. Genug Schmiergeld floss, dass soziale Konsequenzen kein Thema waren. Zuvor sah die Kreuzung ansprechend, vielleicht sogar schön aus. Heute fühlt es sich an wie das Loch, das es ist. Die Parasiten des Lochs sind die Junkies, die gerade mal wieder den Ort gewechselt haben. Nachdem sie vom Kotti zum Hermannplatz und wieder zurück vertrieben wurden, stehen sie nun in den engen Gassen des Neubaumonstrums »Neues Kreuzberger Zentrum« und der Ritterstraße. Immerhin haben Sie genug Geschichtsbewusstsein, um es nicht mit NKZ abzukürzen. Da stehen sie richtig schön versteckt, also können die Bullen und Politiker wenigstens so tun, als ob sie nicht existierten, und alle sind glücklich. Das heißt, wenn sie noch Shore haben. Und dann auch nur zehn Minuten, bis die Realität zurücktaumelt. Shore, das ist der letzte Dreck. Eine Melange aus Heroin-, Kokain- und Amphetaminenresten, gewürzt mit allem, was irgendwie reinhaut und im Baumarkt zu finden ist. Viel schneller führt kein Weg bergab.

Gott mag eh keine Loser. Auch wenn sie dem Kotti seine typische Atmosphäre geben. Aber Gott mag das Kotti nicht, nur Allah vielleicht. Angesichts billiger Fressbuden, Schwarzgeldwäscherei-Casinos und Möchtegern-Gangstern, die ihr Genital spazieren tragen, kommt fast ein urbanes *feeling* auf. Das ist es, was die Stadtoberen wirklich hassen und was die meisten anderen anzieht. Townhouses, Luxussanierung, Autobahnbau – das alles hat das Ziel, Berlin zu einem zweiten München zu machen, damit die Arschgeigen, die sich von Lobbygruppen bestechen lassen und das Politik nennen, kein Heimweh mehr haben. Sie verstehen nicht, dass die Abgeranztheit, die sie so hassen, für das junge Travellervolk der Inbegriff von Spaß und Freiheit ist, und ihnen Geld in die Kassen spült.

Richtung Norden vom Kotti erstreckt sich das Zentrum vom ehemaligen SO 36. Die Häuser sind alt, die Straßen eng, es ist voll von Türken, Touristen und Studenten. Mehr und mehr Touristen lassen die Mischung in Richtung Ferienort abgleiten, aber im Winter legt sich das ein wenig. Fakt ist, es gibt noch ausreichend Ofenheizungswohnungen und lichtlose Hinterhöfe, so dass die Gegend noch eine Weile erträglich bleiben wird. Auch große Konzerne haben Hemmungen sich reinzuklotzen, seit 1987 hier ein Bolle angezündet und genüsslich geplündert wurde. Das geschah im Zuge der Feierlichkeiten zum 1. Mai, der ein Thema für sich ist.

Zur ehemaligen Grenze von Mitte hin wird alles schicker und öder, aber es gibt einen schön nach Tierfäkalien stinkenden Ökobauernhof und ein selbstgebasteltes Haus hinterm Mariannenplatz. Er riecht nach Hippie. Gleich daneben ist das Bethanien, das sich Mühe gibt, die revolutionäre Tradition aufrechtzuerhalten und teilweise besetzt zu sein. Aber schon im Restaurant sieht man, woher der Wind weht: Wachteln für 15 Euro pro Person lassen auf kaufkräftige Kundschaft schließen. Die hortet sich gegenüber im Kiez um den Lausitzer Platz.

In dem teilweise noch angenehmen Kiez hat sich über die Jahre immer mehr Akademikerpack eingenistet und macht alles widerlich nett und handzahm. Die Markthalle konnte aber erfolgreich gegen die Gourmetisierung geschützt werden. Sie bietet noch einen kleinen Eindruck davon, was es heißt, Waren für ihren Eigenwert und nicht aufgrund ihres Markenimages zu kaufen. Das komplette Gegenteil lässt sich an der Bergmannstraße beobachten. Für Unsummen lässt sich hier guter Duft, gutes Karma und mikroskopisches Essen kaufen, chapeau. Es wird unsagbar trostlos werden, wenn die Wirtschaftskrise diese Scheinwelt frisst und Markenwursthändler zwischen verrammelten Läden vereinsamen.

Aber zurück nach 36. Ganz im Osten schwappt Friedrichshain über die Oberbaumbrücke. Das vorletzte Stück Ufer wurde privatisiert. Jetzt kann da noch sitzen, wer den Mindestmenschenwürde-Eintrittswert von drei Euro für einen Kaffee übrig hat. Dafür gibt es eine große rote Kugel, die auch scheint, wenn die Sonne untergegangen ist. Das hat sich doch gelohnt. Auf der Brücke gibt es einen ching-chang-chong Automaten, an dem man sich beweisen kann, wenn einem das Panorama über der hässlichen Stadt zu kitschig ist. Dort sollte auch wieder kehrtgemacht werden, will man den nächsten Kilometer nicht mit besoffenen Tourimassen zubringen. In Kreuzberg gibt es die zwar auch, aber wenigstens ist man sie nach der Schlesischen Straße wieder los.

Davor muss man noch am *Magnet* vorbei, dem Untergang der Indie-Musik. Alles, was an diesem Genre mal kreativ und hörenswert war, ist hier nicht mehr zu finden. Vorbei auch der glorreiche Dienstag, als zwanzig Minuten gesoffen werden konnte für nur einen Euro. Jetzt schwitzen Typen in Karohemden im Stehen ihre Bulligkeit aus, und Fußballprolls aus der Sportarena grölen ihre kastrierten Kampfgesänge über jedes Lied, das der DJ ihnen entgegenfiept. In der Schlesischen Straße liegt das *Lido* in einem ehemaligen Kino und gebärdet sich kaum besser. Türsteher schleichen rum, um Schlafende aufzuwecken, denn Schlafende konsumieren nicht. Die Schlesische Straße hat einen extremen Wandel durchgemacht. Zu Westberliner Zeiten konnten dort Ladengeschäfte für eine symbolische Mark gemietet werden, so uninteressant fand Mr. Markt die Gegend. Jetzt reihen sich Hipsterbars an Hostels, und sogar Fast-Food-Ketten versuchen sich einzukaufen. Glücklicherweise werden sie boykottiert. Und es wird wohl auch schwer sein, alle Döner aus Berlin wegzudumpen. Keiner, der noch bei Trost ist, haut sich ernsthaft ein Pappsandwich für den doppelten Preis eines Döners mit frischen Zutaten rein, mag es zu Hause in Arkansas auch wirklich genauso schmecken und somit die Heimat herillusionieren.

An der Grenze zu Treptow befindet sich der *Freischwimmer*, eine gute Idee, die bis zur Unkenntlichkeit verstümmelt wurde. Die Bar auf Flößen mit ein bisschen Musik ist meist so voll, das man sich einen Schwimmring wünscht.

Der angrenzende Wrangelkiez ist, wie zu erwarten, ziemlich touriverseucht. Aber je weiter man von der Schlesischen Straße wegkommt, um so erträglicher wird es. Der Kaiser's in der Kiezmitte hat jetzt leider Security-Personal eingestellt. Das verhindert die herzzerreißenden Szenen, die sich vor dem Laden abspielten, wenn die Weltsichten der Alkis mit geballten Fäusten aufeinander trafen. Von ihrer Bühne vertrieben lallen sie jetzt in den Ecken, tun aber immer noch ihr Möglichstes, um die Wohnqualität zu mindern. *Bums of the world, we salute you!*

Der Görlitzer Park im Süden ist der Treffpunkt für die hippe *Crowd*, die Vereinigte Türkische Grillfront, die Dealer und, ja, massenweise kleine Kaninchen. Und nein, obwohl sie so aussehen, man kann sie nicht fangen. Versuchen sollte man es trotzdem, *follow the white rabbit*. Besonders wenn dabei hunderte neugierige Kifferaugen jede Bewegung verfolgen. Der Görli ist der richtige Ort für den richtigen Trip. Das *Edelweiss* im ehemaligen Bahnhofsgebäude bietet abends passable Abwechslung und tagsüber was zu saufen. Richtig amtlich holt sich das der Berliner aber vom Späti. Es gab auch mal ein paar nette Raves, bis die Anwohner sich auf ihr erstes Bürgerrecht, die Landruhe in der Stadt, besannen.

Weltflucht ist immer noch möglich am Ökobauernhof. Hier sehen verhaltensgestörte Stadtkinder zum ersten Mal ein richtiges fettes Schwein. Im Vergleich zu denen, die in Berlin sonst ihre Benze spazieren fahren, macht das eine gute Figur. In seiner dicken Selbstzufriedenheit suhlt es sich den lieben langen Tag, frisst, kackt und pennt dann weg. Es hat nichts und niemandem was zu beweisen, womit es sich von den Stadtschweinen radikal unterscheidet. Jeder, der durch seine Markenjacke, sein verquollenes Auto oder seine idiotischen Wortbrocken zwanghaft Aufmerksamkeit auf sich zieht, schreit in die Welt hinaus, dass er seine Mutti vermisst, weil sie die Einzige war, die ihm echte Zuneigung entgegengebracht hat.

Mit solchen Arschlöchern wird man an der Hühnchenbraterei vor dem Park wieder konfrontiert. Aus Ermanglung an Kreativität haben Hipster die einfache Bratbude zu einem *Inn* erklärt und stehen hunderte Meter davor an, obwohl es das gleiche fetttriefende Stück Fleisch gegenüber sofort gibt. Der Gestank des Hühnerfetts macht den vorderen Teil des Parks komplett unbewohnbar. Das trifft sich gut, denn so haben die Ticker dort ihren Auslauf. Wer sich nicht so hart abziehen lassen will, geht aber lieber noch weiter bis ans hintere Ende des Parks, wo die Ohlauer Straße angrenzt. Am querenden Fahrradweg stehen aufgereiht die schwarzen Mitbürger und werfen den sich drängenden Radfahrern lustige Einsilber nach. Dabei hat es den Anschein, als ob sie selbst wegen der ganzen Kifferei das Interesse am Geschäft verloren hätten. Sie betreiben es so, wie Wirtschaft laufen sollte: als großes entspanntes Nebenbei. Leider funktioniert das so nur in Kreuzberg.

Südlich des Parks liegt der Reichenberger Kiez bis zum Kanal. Der ist satt aufsaniert, hier stellen sich kaum mehr Fragen. Selbst ein Karloft-Haus wurde mitten reingeschissen, ohne Rücksicht auf Konsequenzen für das Kiezklima. Der hässliche Block hat den Vorteil, dass man sein Auto, das in dieser Gegend wahrscheinlich angezündet würde, gleich im Fahrstuhl in die Millionen Euro teure Wohnung fahren kann. Damit sich Sozialneid nicht artikulieren kann, ist die Repression in der Miete gleich inbegriffen – ein kleines Wachhäuschen beheimatet Schränke, die kaum hineinpassen. Grimmig starren sie die minderwertigen Kiezbewoher an und zeigen, wo die gesellschaftliche Reise hingeht. Selbst in Berlin muss man sich fragen: Was für unfassbare Arschlöcher wohnen hier? Ein Auszug aus der Website gibt Aufschluss:

Das KarLoft® Prinzip – Sicherheit-Komfort-Luxus

Stellen Sie sich vor, Sie sind mitten in der Metropole, in der Großstadt in ihrer eigenen, kleinen, grünen Oase. Sie müssen von der Großstadt absolut nichts mitbekommen. Nachbarn, Kiez, Kultur – nein danke. Um Sie herum spielen Ihre arischen Kinder, Sie entspannen im Whirlpool oder verbessern am putting green Ihr Handicap, während der Neger Ihren Ball holt – in

Ihrem Garten, direkt vor der Haustür auf Ihrer Etage, vor Frau und Kindern.

Sie sind mittendrin, aber trotzdem privat. Sie hören das Herz der Großstadt schlagen, wohnen aber wie im eigenen Geschwür auf dem Land.

Stellen Sie sich vor, Sie verfügen über alle käuflichen Annehmlichkeiten und Angebote des Stadtlebens ohne die Nachteile, die eine Gesellschaft, die das ermöglicht, und eine Großstadt mit sich bringen.

Sie wollen das Besondere? Willkommen in der Welt von KarLoft®.

Parkplatzsuche? Angst, dass Ihr Auto beschädigt wird? Unsicherheit in dunklen Nebengassen und Tiefgaragen? Angst vor Linken, Ausländern oder einfach nur Sozialschmarotzern?

Das sind Sorgen aus der Vergangenheit.

Stellen Sie sich vor, Ihr New- oder Oldtimer parkt sicher auf Ihrer Etage. In ihrem Bett. Den Auspuff hat es vorgewärmt zum Liebesspiel. Mit Hilfe des CarLifts, einem speziellen Autoaufzug für Behinderte, sind Sie in zwei Minuten auf der Straße oder in Ihrer Wohnung. Ein Transponder übermittelt Ihre Zugangsberechtigung und die Zieletage, die Annäherung anderer Personen aktiviert sofort den Sicherheitsdienst. Ohne auszusteigen werden Sie sicher und komfortabel in Ihrem Wagen direkt in Ihr Loft gebracht.

So widerlich Berlin auch sein mag, das hat es nicht verdient.

Am Flussufer hingegen protzt man stilvoller. Geschwungene Altbauten ziehen sich am Ufer lang, nur auf den Dächern ist der eine oder andere Glaspalast zu sehen. Die Cafés zur Schönleinstraße hin sind teilweise noch ganz angenehm. In der *Ankerklause*, die streng genommen schon zu Neukölln gehört, kann die Schwan-Überbevölkerung beobachtet werden, wie sie sich an kiloweise zurückgelassenem verschimmeltem

Brot selbst dezimiert. Der Berliner will nicht unbedingt Vögel füttern. Sein Effizienzdrang gebietet ihm jedoch, kein Brot wegzuschmeißen, auch wenn dafür Schwäne verrecken müssen. Goddamn Hippies: Die Wiesen vor dem Urbankrankenhaus und die angrenzende Admiralbrücke werden zum Entsetzen der Anwohner, die sich diesen Teil der Stadt mit ihrer Eigentumswohnung gekauft haben, sommers von Heerschaaren junger Arbeitsunwilliger bevölkert. Die Entschärfungsverhandlungen lassen den Kalten Krieg aussehen wie eine gemütliche Teerunde. Schwäne heben ihre fetten Hintern dann aus dem Wasser und gehen abziehen. Schnorren kann das nicht mehr genannt werden, da sie gelernt haben, dass Angriffe lohnend sind. Fauchend rennen sie besonders gern auf Kinder los und verursachen so Traumata en masse.

Der nicht so coole Rest von Kreuzberg heißt 61, früher Südwest 61. Am Bethaniendamm prallt er in Form einer unappetitlichen Hochhaussiedlung auf die schmucken Uferaltbauten. Das steile Einkommensgefälle hier ist aber untypisch für die beiden Teile Kreuzbergs. 61 ist die bessere Hälfte, die man zur Schwiegermutter mitnehmen würde. Zu Westberliner Zeiten nicht so leicht abzusperren wie der Rest Kreuzbergs, musste man sich wohl mit dem Pack arrangieren und es integrieren. Inzwischen hat das Pack selbst die Oberhand bekommen und extegriert fleißig. Das wird besonders im Bergmannkiez deutlich.

Das einst lebendige Fleckchen Kreuzberg war ein Epizentrum für Hippies und die die Institutionen vergiftenden Funktionäre, die daraus hervorgehen sollten. Es wurde nackt auf den Dächern mondscheingebadet, gekifft und über die ganz großen Zusammenhänge in der Welt diskutiert. Alle waren total verständnisvoll, sahen das aber mit Sicherheit ganz anders, da man nichts verallgemeinern könne. So schön, so widerlich. Das ist lange her, inzwischen sind selbst die optischen Hippies, so es denn noch welche gibt, gesetzt und eingekauft. Das wegen seiner adretten Baumlosigkeit an Paris erinnernde Viertel mit fast durchgängigem Altbaubestand machte Investoren dermaßen geil, dass schon seit den Achtzigern fröhlich entkernt wurde. Entkernen, das heißt Hinterhäuser abreißen, um denen, die es sich leisten können, mehr Licht zukommen zu lassen. Die anderen ab ins Märkische. So kam es denn, dass sich die soziale Mischung verabschiedete, erst klammheimlich in den Gulli rinnend, mittlerweile laut als Sturzbach. Es werden Transparente auf Versammlungen mit heuchlerischen Stadtplanungspolitikern von salonlinken Parteien ausgerollt, das war's dann aber auch. Die Bergmannstraße selbst hat sich zu

einer Ökotouristenmeile gemausert. Hier bekommt man alles, was man nicht wirklich braucht. Mit Aufschlag für ein reines Gewissen. Die Bergmannstraße führt vom Mehringdamm aus immer tiefer in das Reich des Esoterikschunds, bis sie am Markthallenuterus endet. Der ist dann auch wirklich das Ende jeglicher Authentizität, die Lobby des Hilton hat mehr Charme.

Der Mehringdamm selbst ist außer einer abartig lauten Straße auch ein zentraler Anlaufpunkt für Touristen, denen das Kotti zu gruselig ist. Hier gibt es die Currywurst von Curry 36, den 0815 Gemüsedöner, an dem die Touris gerne auch mal eine halbe Stunde anstehen, und Grieneisen Bestattungen gleich um die Ecke, wenn das Fastfood seinen Tribut fordert. Entspannter ist das *York Kino,* Ursprung der Gruppe, die sich irrationalerweise den Brainbusterfilmen verweigert.

Bleibt die Flucht in die Welt des Schwachsinns. Die ist klein und gedrängt in der Zossener Straße und heißt *Grober Unfug,* der Comicladen der Wahl. Der Wasserturm weiter oben auf dem Berg versucht sich noch in kostenloser Jugendarbeit und schmeißt ab und an erfrischend unprätentiöse Konzerte.

Wem berechtigterweise im Bergmannkiez das Kotzen kommt, der kann sich in den Victoria Park, namentlich den Kreuzberg selbst retten. Der Müllberg ist mittlerweile so zugewachsen, dass er als richtiger Park durchgeht. Fußballplatz, Wasserfall und Aussichtsplattform lassen einen vergessen, dass ein so schönes Stück Grün der Stadt nur durch einen Vernichtungskrieg abgetrotzt werden konnte, der viel Schutt hinterließ. Wer die Aussicht vom Denkmal genießt, hat hinter sich die Helden der preußischen Nation, die durch das Schlachten und Ausplündern von anderen Europäern in die Geschichte eingehen sollten. Einmal im Jahr lodert die Kriegstradition auf dem Kreuzberg wieder auf, allerdings in der sympathischeren barbarisch-anarchistischen Variante. Zur Walpurgisnacht trifft sich die U18-Gesellschaft auf der höchsten Wiese und säuft ihr klägliches, weil nicht clubtaugliches Dasein weg. Dabei wird alles angezündet, was brennt, und es entsteht so was wie Spaß jenseits der Verwertungsgesellschaft. Sobald der kleinste Furz Freiheit in der Luft liegt, rast auch schon die Bullerei den Berg hoch und knüppelt die weg, die nicht weggehen. Dann herrscht wieder Totenstille, die deutscheste aller Atmosphären.

Aber 61 kann auch anders. Die eigene Version von Heroin nennt sich H-Town und bunkert sich am Halleschen Tor, stadteinwärts. H steht für Heroin, das hier früher gerne feilgeboten wurde, und die überbordende Kreativität der Städtebauer, die zwei Hochhäuser auf den Platz klatschten. Blieben beim Kotti noch ein paar Altbauten stehen und die Seitenstraßen intakt, so wurde das Hallesche Tor inklusive Wassertorkiez eingestampft. Das Ergebnis kann sich nicht sehen lassen, streckt seine hässliche Fresse aber trotzdem jedem entgegen. Die menschenverachtenden Eiswürfelkästen schlagen sich in alle Richtungen übereinander und vollbringen wahre Wunder darin, äußerlichen Bombasmus in innerliche Klaustrophobie umzusetzen. Wer sich einmal in die spritzenübersäten Keller des sozialen Wohnungsbaus getraut hat, kann abschätzen, wie gut geeignet die Komplexe für die kinderreichen Familien sind. Wenigstens muss nicht immer ferngesehen werden. Das SEK reitet auch gerne selbst mal ein, wenn mal wieder ein Dealer oder Verrückter niedergeschossen werden muss.

Ein Gutes hat das Viertel allerdings: Es ist ein Bollwerk gegen Verdrängung. *Gentrify this!,* spuckt es ins Gesicht der Investoren. Westberlin hat hier unwissentlich eine fette Elendswarze mitten in das Gesicht des Postmauerfallberlins gefurzt, und die wird bleiben. Die Westplatten vom Moritzplatz bis zur Kochstraße haben entgegen den Ostplatten jenen ganz speziellen Sadismus, den nur die entfesselte Marktwirtschaft hervorbringen kann. Die Strukturen sind verwinkelt, die langen Gänge rot gefliest und die Fenster zu absurd platzierten Schießscharten geschrumpft. Das hier lebende Menschenmaterial muss sich an allen Ecken und Enden verbiegen, um in die Rationalisierungsräume zu passen. Im ungesund fahlen Licht des Flurs schleppen sie sich dann von Brandschutztür zu Brandschutztür. So gut, wie der Bau vor Brand geschützt ist, so hilflos sind seine Bewohner sich gegenseitig ausliefert. Durch die hauchdünnen Wände wird ein jeder zum Schreckgespenst des anderen. Totale Desozialisierung garantiert.

Es ist die deprimierende Realität, dass nur über den Umweg der Hässlichkeit, Lichtlosigkeit, generell der Unbeliebtheit ein Mindestmaß an sozialer Durchmischung und garantierter Lebensqualität für alle erreicht werden kann. Das spricht Bände über die hehren Motive der Traditionspolitik. So zieht sich denn die hässliche Westplattenlandschaft bis hin zur SPD-Parteizentrale, um deren Politik Lügen zu strafen. Denn nicht jeder will einen Arbeitstag an Maschinen voll stumpfer Tätigkeit, nur damit knapp genug Geld am Lebensende aufs Konto fließt. Nicht jeder will seine Stadt durchfurcht von Autobahnen und zugepflastert mit moderner Abschreckungsarchitektur. Nicht jedes Fleckchen Grün muss zubetoniert sein, so dass jeder Schritt auf den Leichen der vergangenen Korruption geschehen muss. Denn zumindest im Westen wäre es anmaßend zu sagen, in den Sechzigern wurden Blöcke wie am Kotti aus Philanthropie gebaut. Da ging es um Kauf, Verkauf und Gewinn aus der Notwendigkeit, dass Menschen ein Haus bewohnen.

Wer zu Westberliner Zeiten dort wohnen wollte, wo die Stadtkarte blutrot für zentrale Wohnlage zeigte, der konnte in den paar Blocks nördlich des Halleschen Tors in den gezwungen kreativen Platten wohnen. Unnötig zu sagen, dass auch die nach dem Mauerfall so beliebt wurden wie ein schon zweimal gegessenes Gulasch. Direkt an der ehemaligen Grenze stehen sich das Axel Springer Haus und die Zentrale der *taz* gegenüber. Letztere ist eine verhippiete Zeitung, die sich als Genossenschaftsprojekt recht und schlecht am Leben erhält. Natürlich driftet sie wie auch Kreuzberg im Allgemeinen allzu schnell in die Toskana-Café-Latte-Gefilde ab. Aber sie geben ihr Bestes, die Welt als was anderes zu sehen als die Arschbleachingcreme der Funktionseliten. Axel Springer hingegen könnte sich seine angesammelte Hetze gegen Studenten, sozial Schwache, linke Parteien und jede Form von gesellschaftlicher Solidarität nicht in hundert Jahren abputzen. Eine kleine Kostprobe der *B.Z.* der Jahre 1966 bis Mitte 1968:

Stoppt den Terror der Jung-Roten!
Polit-Gammler Dutschke dreht an einem dollen Ding!
Studenten drohen: Wir schießen zurück!
Unruhestifter unter Studenten ausmerzen!
Kein Geld für langbehaarte Affen!

Klingt nicht nach Nazi, oder? Auch wenn noch so viele peinliche und inzwischen schlecht besuchte Selbstablassveranstaltungen abgehalten werden, auf denen Springer seine Vergangenheit verklärt.

Aber auch in 61 gibt es Orte, an denen man abhängen kann. Direkt an einer der lautesten Kreuzungen der Stadt, Mehringdamm und Gneisenaustraße, gibt es einen Hinterhof mit allerlei Angeboten, die das Leben besser machen. Und sei es auch nur ein Bier in einer Atmosphäre, die einem nicht Luxus ins Gesicht wichst. Oder das eine oder andere arabische Restaurant, wo man seinen Arsch beruhigt ablegen und das Essen mit den Fingern reinstopfen kann. Oder man dümpelt am Kanal entlang. Wenn der nur noch auf einer Seite mit einer monströsen Straße verbaut ist, lässt sich das fast genießen. Solange man nicht das Pech hat, einen zerstückelten Portugiesen Galeere spielen zu sehen. Der Portugiese war nur besonders unansehnlich, oft schwimmen Leichen dort im Kanal. Der lustigste Job in Berlin ist wohl Kanalmüllfischer. Der Typ findet auf dem kleinen

Kreuzberger Stück mehr als in der ganzen Stadt: Fahrräder, Anhänger samt Autos, die wem beim Müllabladen reingefallen sind, natürlich unzählige Einkaufswagen und eben Leichen.

Was an Kreuzberg aber im Gegensatz zu anderen Bezirken wirklich Freude macht, ist die Utopie, die immer noch in der Luft mitschwingt. Auch wenn die ultraegomasturbatösen Achtziger und Neunziger sie geschädigt haben, ist sie noch da. In Kreuzberg ist alles gefühlt ein bisschen entspannter, der Leistungsdruck ist nicht so stark, und die Menschen sind auf eine sympathische Art mental ab vom Schuss. Es stimmt schon, sie wären heute nicht mehr in der Lage, hier zu wohnen, würden sie ihre Wohnungen nicht schon lange haben. Es ist die Frage, ob Kreuzberg lange genug durchhält, um die Utopie weiterleben zu lassen. Ob die Gesellschaft sich darauf besinnen wird, dass es noch ein Leben nach dem Warenproduktionsfetisch gibt oder sich aus falsch verstandenem Konkurrenzwahn selbst zerfleischt. Die größte Gefahr für das Kreuzberger Lebensgefühl ist das Aufgesetzte. Es ist die Attitüde, eben so furchtbar entspannt und anders zu sein, wie man es nicht ist. Mit jedem Heulkrampf in der dunklen Ecke der Toilette der neuen angesagten Bar ob der eigenen Langweiligkeit wird die Fassade brüchiger, aber die Anstrengung größer. Das Produkt sind schöne Bars wie das *Lucia* auf der Oranienstraße. Gegenseitig führen sich Menschen im exakt richtigen Alter die exakt richtig verrückte Mode auf den exakt richtig entstellten Körpern vor, um sich danach unbefriedigend und geistlos zu vögeln. Auch wenn es Kreuzberg vielleicht gut tut, dass das Hipsterepizentrum nach Neukölln weitergezogen ist, die langsame Versteinerung der kreativen Szene droht auch hier, nur Hüllen zurückzulassen. Die Prolls ums Kotti tun ihr Bestes, das Lokalflair zu erhalten, sind aber die Ersten, die von den Hipstern weggentrifiziert werden. Scheiße ans Karloft schmieren reicht auch nicht. Was Kreuzberg braucht, ist eine Revolution, grob, widersinnig und echt. Zündet Barrikaden an oder sonst was, ihr seid doch die Revolutionäre, oder?

BERLINER SATELLITEN

ICC – INTERNATIONALES CONCENTRATIONS CENTRUM

Es gibt einige Orte in Berlin, die offiziell zwar in diesem oder jenem Bezirk liegen, de facto aber als einsame Satelliten durchs Stadtuniversum geistern. Wer nicht zwingend dort zu tun hat, könnte sie glatt vergessen, wie es viele Zugezogene auch tun. Die Messe Berlin ist so ein Ort. Messe, das war eigentlich schon immer Frankfurt oder Leipzig, was auch immer, aber bestimmt nicht Berlin. Und schon gar nicht Charlottenburg. Trotzig klotzte Westberlin riesige Hallen ins Niemalsland am Westkreuz, zwischen Grunewald und Ku'damm. Eingeschnürt von Autobahnen stehen sie dort immer noch und grüßen den die Avus Raufzuckelnden mit ihrer eklatanten Hässlichkeit. Besonders das ICC, das Internationale Congress Centrum (ja, so schreibt es sich wirklich), sieht aus wie von einem anderen Stern. Auf diesem bleibt es auf ewig 1972. Die Fenster sind rund, Ecken so was von out, und überall sammelt sich Dreck in den Fugen. Die Landschaft erstrahlt in Grellorange, Militärgrün und ganz, ganz viel Silber. Weil Silber Zukunft ist. Der Planet 1972 existiert nämlich schon immer in der Zukunft. Alles ist so abgehoben, dass sich keiner mehr einen Scheißdreck um die schnöde Realität kümmern muss.

Das ICC als Gebäude schert sich auch wenig um die Realität seines Zwecks. Ein Kongresszentrum? Voll lahm, Mann. Ein futuristisches Raumschiff, das jeden Moment abheben will und den Besuchern seine monströsen Tentakeltriebwerke entgegenstreckt? Viel besser. Brücken und Unterführungen in alle Richtungen machen deutlich, dass das ICC tatsächlich sein eigener Planet sein will. Das kann ganz lustig sein, wenn man durch die Oberdecks wandert und die hoffnungslos unsynthetische Außenwelt geringschätzt. Doch wehe dem Weltraumverirrten, der in die Tiefgaragen und Unterführungen gesogen wird. Orangefarbene Kachelung führt direkt ins grelle Labyrinth, das Auto wird verdaut wie Plankton im Wal. Wer zu Fuß in die Fänge des ICC gerät, verliert zwar nicht sein Auto, gewinnt aber eine handfeste Psychose. Nach dem ICC ist die Welt der Normalen nicht mehr erträglich, dein Leben verläuft von nun an zu billigen Synthesizerklängen in langsamen, LSD-tauglichen, bedeutungssgeschwängerten Bewegungen.

Zu den Messen, auf denen überteuerte Autos, Elektronika oder primäre Geschlechtsorgane angeboten werden, strömen die Berliner in Massen auf das Gelände. Was gibt es Schöneres, als sich materiell aufzugeilen in intimer Runde mit 10000 Gleichgesinnten? Sich in der Sonne zukünftigen Besitzes zu wärmen? Vielleicht ist die Venus Erotikmesse die ehrlichste aller Messen. Hier geht es zwar schlussendlich nur um die Kapitalisierung des Bedürfnisses Sex. Doch wenigstens ist das Bedürfnis halbwegs echt. Natürlich wird die Welt vom Markt nach Kräften übersexualisiert. Im Vergleich zur Steinzeit ist der Anteil des barschen Fickens an den Gesamtablenkungen in der menschlichen Umgebung aber wahrscheinlich noch gesunken. Ohne Fernseher, christlich-monotheistisches Lebenskonzept und zehntausend Wartung einfordernde Besitztümer, was bliebe da noch zu tun? Erst die verstockte Neuzeit brachte den multiplen Unsinn hervor, der das Vögelbedürfnis ersetzt. Schlimmer noch, der vortäuscht, es zu ersetzen, daran scheitert und Menschen dann zu Schautafeln ihres ungenutzten Genitals werden lässt.

Vielleicht war das die Intention des ICC: Die provokative Hässlichkeit des Komplexes soll die des kapitalistischen Prozesses in den Schatten zu stellen. Leider scheitert sie. Nicht, weil die Leute integrationsunwillig sind, sondern weil der Kapitalismus selbst die schlimmsten Erwartungen übertroffen hat. 1972 war wohl einfach noch nicht absehbar, wie krank das Shoppingerlebnis noch werden könnte.

Die Spacefuturisten hätten sich gefragt, wieso die Welt noch immer nicht mechanisiert wäre. Die Masse der Arbeit, für die die Dritte Welt heute schuftet, Hosen näht, Weizen anbaut, Cola verkauft, könnte maschinell erledigt werden. Wenn es nicht billiger wäre, Menschen dafür zu verheizen. Und wenn einige nicht am Elend der vielen verdienen würden. Gleichheit ungleich Gewinn, Sportsfreund. Merkwürdiger wäre allerdings: Wieso reißen Idioten selbst in den Industrieländern sich um Arbeit? Wieso wollen sie ihr Leben mit Unsinn verbringen, den Maschinen besser erledigen können? Wieso haben sich die Menschen in der Dienstleistungsgesellschaft komplett überflüssig gemacht und den technologischen Fortschritt der elektrotechnischen Revolution nicht in sozialen Fortschritt der Teilhabe aller umgesetzt? Anstatt ein Callcenter um einen Job auf Arbeitslagerniveau und -bezahlung anzuflehen, könnten sie eine soziale Grundsicherung einfordern, die sich die Gesellschaft schon lange leisten kann. Entwicklung ist Kooperation, nicht Survival of the Fittest. Gerade die bleibt im Nonplusultrakapitalismus aus, obwohl sie ihn aushebeln könnte. Es muss nicht jeder Handel verboten werden, wer mit Nippelpiercings handeln will: Be my guest. Aber wer ist so krank und verramscht Kraftwerke, Rentenversicherungen und Medikamentenlizenzen?

Heute kann kein Bauwerk diese Absurditäten mehr verschleiern, obwohl mit dem Stadtschloss und den diversen ästhetisch ohnmächtigen Büroblöcken das Möglichste versucht wird. Diese Bauwerke sagen: Sieh her, Wurm, was der überlegene Monsterstaat im Liebesspiel mit dem Markt geschaffen hat.

Auch das ICC war vor Veränderung nicht sicher. Veränderung, das ist der blanke Horror für den alteingesessenen Westberliner Freizeitfaschisten. Da das ICC aber aus dem Kosmos der satten Weststadt herausfällt, konnte hier bedenkenlos rumgefingert werden. Namentlich die dicken Wurstfinger der Bauindustrie gaben sich alle Mühe. Die Idee war einfach: abreißen, neu bauen. Wie man das schon immer gemacht hat, wenn einem was nicht gefiel, etwas peinlich mit Geschichte zu tun hatte oder wenn einem langweilig war. Es liegt in der Funktionalität des Systems *Politiker*, der das Geld anderer ausgibt und daher auch gern mal einen Schampus mehr bestellt. Dieses System hat das Gesicht Berlins geprägt, und in die widerliche Visage kotzen Sauftouristen nun zu Recht ihren Brei. Glücklicherweise hat dieses Großprojekt nicht funktioniert, dank der ausgeprägten Unfähigkeit des Berliners. Sicher hätte sich eine Mehrheit des Volkskörpers selbst mit den schlechtesten Argumenten überreden lassen. Auch das fehlende Geld wäre kein Problem, war es nie. Und für ein Germaniagroßprojekt lässt der Bund auch immer gern was springen. Es war schlicht und einfach die innere Zerstrittenheit, die Handlungsunfähigkeit der gewählten Regierung. Jetzt kann man es immerhin für schlappe 260 Millionen Euro sanieren, denn das ICC ist mit reichlich Asbest und mineralischen Schadstoffen belastet.

Die Zerstrittenheit ihrer Eliten ist eine von Berlins besten Eigenschaften. Widerstand von außen plus Unfähigkeit von innen: Berlin, das ist geballte Inkompetenz. Die Mischung aus Egozentrik, korruptem Egomanentum und hektischem Aktionismus hat schon die Mauer zu Fall gebracht. Sie hat Berlin einige Katastrophen erspart.

So wird das ICC noch einige Zeit am Westkreuz rumstehen. Je länger es in seiner penetranten Hässlichkeit Stellung hält in einer Stadt, die sich verzweifelt als attraktive Weltstadt darstellen will, um so mehr Daseinsberechtigung erwirkt es sich. Die Ästhetik des Gebäudes mag man grauenhaft oder auf verquere Art ansprechend finden. Unabhängig davon ist es ein fetter Haufen Widerstand, der der perfekten Vorfinanzierungswelt des ökonomisch-politischen Mainstreams im Weg steht. Lieber eine Siebziger-Jahre-Dystopie, als eine Seifenoper, die uns an jeder Ecke der Stadt verkauft werden soll.

FLUGHAFEN TEMPELHOF – DON'T BE BERLIN

Dazu gehört das größte Gebäude Deutschlands und das viert-

größte der Welt – eine Ausgeburt von Größenwahn. Nicht von Hitler erbaut, aber einer Zeit geschuldet, die allgemein an Größenwahn litt, ist es die Ästhetik gewordene Charmanz. Was müssen das für friedliche Zeiten gewesen sein, als die ersten Flugpioniere die Lufthansa gründeten und auf ihrem Feld mit klapperigen Maschinen bruchlandeten? Viel war von Friedensjahren bald nicht mehr übrig. Stattliche Welt- und bitterkalte Kriege stellten die Luftfahrt in den Dienst von Wichtigerem als dem zivilen Wohlergehen: dem Krieg. Der brutale Repräsentationsbau, der um den Platz der Luftbrücke krebst, vermittelt den Besitzanspruch des Staates auf den Himmel. Kaum eine Assoziation könnte weiter weg sein als die von Freiheit und Sorglosigkeit, die man mit den offenen Weiten des Himmels assoziieren könnte.

Zu Westberliner Zeiten hatte der Flughafen wirklich noch eine Funktion. Kein Zweifel, die Luftbrücke war eine tolle Sache. Obwohl sie das Produkt politischen Kalküls und nicht grenzenloser Menschenfreundlichkeit war.

Der Flugbetrieb fiel nach dem Fall der Mauer ins künstliche Koma, wurde aber noch bis 2008 am Leben erhalten. 2011 nannte irgendwer den Flughafen Tempelhofer Freiheit, war damit aber in Berlin ziemlich alleine. So ein Scheißname, klingt nach München, dachten sich viele. Zu Recht. »TEMPELHOF IST EIN SYMBOL DER FREIHEIT«, grölt es von der Website, die in bester Zeugen-Jehovas-›Im-Himmel-lieben-sich-alle‹-Optik daherkommt. Klar, die Freiheit des Vermögenden, öffentliches

Gut zu kaufen und Menschen auszuschließen. Ob Luxusapartments oder einfach die Tatsache, dass eine Firma mit eigener Gestapo das Hoheitsrecht über das Gelände hat. Das abzulehnen ist einfach. Der Berliner schafft es aber, auch noch aus den falschen Gründen dagegen zu sein. Gegen die Schließung stemmten sich ein paar ewig gestrige Westberliner, die am liebsten gleich die Mauer wieder mit aufgebaut hätten. Ihnen fehlen die Symbole, mit denen man sich in einer zu komplexen Welt identifizieren kann, die klaren Feinde, die helfen, den Scherbenhaufen, der ihre Persönlichkeit ist, zu ordnen.

Ein Gutes hatte der Flugbetrieb aber: Neukölln hatte seinen eigenen akustischen Schutzwall gegen Verdrängung. Luxuslofts lassen sich schlecht bauen, wenn altersschwache Propellermaschinen knapp über die Dächer knattern und das eine oder andere Leichtflugzeug sich im Giebel verfängt.

Jetzt ist es gespenstisch still im Schillerkiez direkt in der Flugschneise, nur das Kinderplärren zeugt von der drohenden Aufwertung. Dabei war der Flughafen noch das Beste, was dem Kiez passieren konnte. Niemanden störten die Flugzeuge wirklich, es waren ja nur eine Handvoll am Tag. Verglichen mit dem Lärm der pausenlosen Feuerwehr- und Polizeisirenenbeschallung war das nichts. Und gegen den Gestank aus alten Kartoffeln um die Brauerei am Rollberg geradezu wohlig. Es gehörte zu den angenehm surrealen Momenten, wenn der Neuköllner auf dem gründerzeitlich knapp bemessenen Balkon frühstückte und sich eines der Flugzeuge fast wie zum Greifen nahe über seinen Kopf schleppte.

Zwei Jahre stand der Flugplatz leer. Währenddessen musste allein der Bund nach der Schließung 990 000 Euro monatlich für die Bewirtschaftungskosten aufbringen, für nichts. Aus Angst vor Vandalismus der Grasfläche oder Besetzung wurde das ganze Gelände verschlossen gehalten. Wie im Kindergarten üblich, ist das schönste Spielzeug zu kostbar, um die Gören damit spielen zu lassen, also wird es im Schrank versteckt. Am liebsten hätten die fetten Schweine im Bundestag es wohl dabei belassen, aber die Menschen begannen wie bescheuert an den Zäunen zu rütteln und sich in den Feuilletons aufzuregen. Das riesige Feld war einfach zu groß, um es unter den Tisch zu kehren und still und heimlich zu verschachern. Pläne dafür wurden trotzdem gemacht: Luxusloftbunker, einen Bezahlpark oder ein paar Einkaufszentren. Dass die Bebauung des Feldes völlig überflüssig ist, versteht sich von selbst. Dass Luxuslofts das Letzte sind, was im krassen sozialen Kontrast zu Neukölln gebraucht wird, ist ebenfalls offensichtlich. Dass

ein Bezahlpark Hohn ist, angesichts der Tatsache, dass dieser Raum der Öffentlichkeit gehört und ihr zugänglich sein sollte. Das darf dann auch Steuergelder kosten, wofür sind sie da? Parks verbessern die Lebensqualität, die geistige Gesundheit der Menschen, die Umwelt – und sind garantiert billiger, als den früh Verdummten und Verrotteten die Anstalt zu zahlen.

Die abartigste Idee von allen waren zweifellos die Pläne für neue Einkaufszentren. Besonders in Nord-Neukölln wird das augenscheinlich: Der Stadtteil verfügt über mindestens sieben Einkaufszentren, allesamt vollgestopft mit den gleichen Ketten. Sie saugen alles an Kaufkraft aus den kapitaltechnisch vertrockneten Einwohnern und lassen dabei die zahlreichen kleinen Läden verstauben. Irrsinnigerweise stehlen sie sich gegenseitig die Kunden, so dass der Kindl-Boulevard an der Hermannstraße zu achtzig Prozent leer steht. Wäre das Arbeitsamt nicht eingezogen, wäre der Laden dicht. Inzwischen ist es gang und gäbe, dass die Grundpfeiler des Kapitalismus nur durch staatliche Subvention erhalten werden. Das zeigt, wie überlebensfähig ein sich selbst fressendes Schindersystem wie der Kapitalismus ist und wer ihn im Endeffekt zahlt: du. Du Idiot. Mit deinen Steuergeldern, deiner Arbeit und jedem neuen Gimmick, mit dem du dein Leben vollmüllst.

Hätten die grenzdebilen Investoren und korrupten Politiker, die neue Konsumbunker planen, ihre fetten Ärsche auch nur einmal in die Gegend bewegt, um sich das anzusehen, hätten sie gewusst, was für eine himmelschreiende Lebensverschlechterungsmaßnahme sie fast in Auftrag gegeben hätten. Noch kann man auf dem Flughafen ein wenig Ruhe haben von all diesem Mist. Das ist dann auch das Beste an ihm: Platz. Wenige Berliner pro Quadratmeter. Viel Gras, und das hält meistens die Fresse. Der Boden ist zwar durch den jahrzehntelangen Kerosindunst bis einen halben Meter tief verseucht, das Gras sieht aber nicht so aus. Verstreut stehen alte Gebäude in der Landschaft – Munitionsbunker, Wetterballonhallen, Radare – und wirken in ihrer wellblechigen Armeeoptik wie aus der Zeit gefallen. Gleiches wird mit den Einkaufszentren geschehen, es dauert nur noch ein bisschen …

Die langen Wege und die zwei Start- und Landebahnen sind für den Berliner atemberaubend autofrei. Allerdings finden sich sofort neue, nach Kräften nervende Nutzer. Skate-Paraglider zum Beispiel, die ihren Extremsport vorführen wie einen frisch enthaarten Arsch. Oder Touristen auf Standrollern (»elektrisch angetriebenen Einpersonen-Transportmittel«), denen nichts peinlich ist. Im Sommer ist der Flughafen voll von Grillenden aus aller Herren Länder. Der blaue Fleischdunst zieht in riesigen Fahnen über das Feld, Kinder spielen, Hipster singen, kurz, es ist zum Kotzen. Besser zu Hause essen und später die leeren Ecken des Feldes genießen. Wer grillt, einen Hund hat oder irgendeine nicht der Norm entsprechende Tätigkeit ausübt, bekommt es schnell mit dem Sicherheitsdienst zu tun. Der ist, wie korrekterweise ein Grafitti in der Oderstraße feststellt, ein Haufen Arschlöcher. Dummerweise hat er hoheitliche Gewalt auf dem Gelände. War auch nicht anders zu erwarten, es gehört ja nur dem Staat, also der Öffentlichkeit. Was läge da näher als ein privater Sicherheitsdienst, der das Gesetz in die Hand nimmt? Abends wird das Gelände dann auch brav abgesperrt, weil totale Überwachung nicht im Dunkeln funktioniert. Eigentlich wird es langsam Zeit, auch den Grunewald und den Müggelsee abzusperren, da kann sich ja sonst wer rumtreiben, nicht wahr, Kameraden von der CDU?

BUNKER – ABSCHIEBEHAFT BUSINESSCLASS

Überall in Berlin verteilt findet man sie noch: Nazibunker. Sie stehen trotzig auf der Bundesallee oder wie ein Felsen inmitten des Sozialpalasts in Schöneberg. Sie wiegen Gewichte ab wie der Rundbau nahe der Dudenstraße, um zu testen, wie schnell Germania im Sumpf versunken wäre. Oder sie beherbergen Kunst wie der Borosbunker in Mitte. Schlimmstenfalls sind sie zu Luxuslofts verramscht worden, wie der in der Fichtestraße in Kreuzberg. Aber nicht alle sind so auffällig. Der Humboldthain besteht zum großen Teil aus dem Schutt des Flakbunkers, der nur halb weggesprengt werden konnte. Der Rest gibt trotz Rosengarten und Bewuchs Zeugnis von einer paranoiden Welt.

Noch versteckter sind die Untergrundbunker. Viele der großen Kreuzungsbahnhöfe waren zu Kriegszeiten Anlaufstellen für Verzweifelte. Die U-Bahnhöfe Gesundbrunnen und Hermannplatz sind nicht aus schierer Gutmenschlichkeit so ausladend gebaut. Eine vier Meter dicke Stahlbetondecke sollte die Menschen vor Bomben schützen. Noch versteckter ist der Atombunker eine Station weiter im U-Bahnhof Pankstraße. Westberlin wusste gar nicht, wohin mit seiner Zulage, nicht alles konnte korrupten Funktionären in den Rachen geschoben werden. Also baute man im letzten Winkel Weddings, der wie eine Halbinsel im Osten lag, einen Atombunker.

Eines haben fast alle Bunker für die gemeine Bevölkerung gemein: Sie sind Fakes, sind nichts weiter als eine Maßnahme, eine Massenpanik einzudämmen und die Straßen frei fürs Militär zu machen, das die Stadt dann nach Gutdünken zu Klump schießen kann.

Man versetze sich in die Lage eines Berliners im Krieg. Die Massenbunker gegen Bombenangriffe scheinen sicher. Vier Meter Stahlbeton klingt viel. Ist es aber nicht. Schon damals wurden diese Decken mit Leichtigkeit durchschlagen. Nach dem Krieg waren die Bunker blanker Hohn. Man hätte sich auch auf den Fernsehturm retten können.

Perfider wird die Sache beim Atombunker. Wenn man wusste, dass der von außen verschlossen wird, könnte einem die Idee als logisch erscheinen. Aber die Details zeigen, was falsch gelaufen wäre. Zum Beispiel waren alle Toiletten ohne Türen, damit sich keiner darin erhängen konnte. Auch das Essen war ein Problem. Es gab zwar die Notreserve an Gammelfleisch in den goldenen Dosen ganz unten bei Aldi. Aber nur einen einzigen Menschen, der diese konfiszieren konnte. Noch lustiger ist, was nicht da ist: Unterhaltung. Die dreitausend Menschen, die eingepfercht auf ihrem U-Bahnhof sitzen und wissen, dass die letzte U-Bahn in eine bessere Welt abgefahren ist, haben nicht einmal ein Kartenspiel, um sich die Zeit zu vertreiben, während draußen ihre Verwandten elendigst verrecken. Es wäre nur eine Frage von Tagen, bevor Lynchjustiz ihre Hauptbeschäftigung geworden wäre.

Die Bunker zeigen eindrucksvoll, wofür auch die Geschichte Berlins als Ganzes steht: Die Verachtung der Funktionseliten für den einzelnen Menschen. Jeder Funke Vertrauen, jedes unkontrollierte Amt, jede nicht legitimierte Verfügungsgewalt führt unweigerlich ins Elend. Noch für die letzte Atomkriegskonserve würden die Herrschenden jeden Dahergelaufenen über die Klinge springen lassen. Ein Teil der Berliner hat das verstanden und sich nicht von der perfiden Maschinerie der Selbstkontrolle des warenproduzierenden Systems verarschen zu lassen. Der Großteil liest lieber *Bild* und lässt sich seine Meinung abbilden. Diese Idioten sind es, die es möglich machen, dass sich die Geschichte jederzeit wiederholt. Glück hat, wer dann nicht auf den nächsten Bunker hereinfällt.

JOSEF-ORLOPP-STRASSE – INDUSTRIEWÜSTE

Schon mal in einem Atomkrieg gewesen? Leider nicht? Im Industriegebiet um die Josef-Orlopp-Straße kann man sich

immerhin ansehen, wie das so ausgesehen haben muss. Dabei gibt es in Berlin noch mehr postindustriell Verwüstete Enklaven, aber diese ist vielleicht die größte und bestimmt die trostloseste ihrer Art. Industriegebiet und Berlin, das ist schon ein Widerspruch für sich. Niemand hat hier Arbeit, eben weil es keine Industrie gibt. Nur die traurigen Ruinen von dem, was sich dafür hielt. Der Planet Industriegebiet Lichtenberg liegt nicht mal mehr im selben Sonnensystem wie die gleißende Mitte-Sonne.

Berlins politische Zuhälter geben sich Mühe, die alte Nutte rauszuputzen, Industrie ist da eines der ersten Ziele. Kaum eine Gelegenheit, bei der sie sich nicht auf Siemens und BMW öffentlich einen runterholen. Ein korruptes und ein mit Nazistrafgefangenen groß gewordenes Unternehmen, wie ehrenhaft.

Die Industrie in der Josef-Orlopp-Straße ist aber schon viel älter. Und so sieht sie auch aus. Nicht mal mehr die staatssozialistische Plattenantiästhetik ist das Hervorstechendste, sondern die monströsen Gründerzeitbauten. Größtenteils verlassen stehen sie grotesk abgeschnitten auf straßenabgewandten Grundstücken. Richtig gigantisch wird das Ganze beim alten Wasserwerk, das eine Brache für sich hat. Alte Hallen stehen verstreut auf dem verwilderten Gelände, nur russische Soldaten fehlen. Kleine Wege, denen man zwei Weltkriege und jahrzehntelange stumpfe Arbeitshetze ansieht, führen zwischen ihnen hindurch. Es wäre nicht verwunderlich, wenn hier ein totes Pferd vor einem Fuhrwerk rumläge. An einer Bushaltestelle steht ein riesiges Gebäude, das es mit dem Berghain aufnehmen könnte, allerdings völlig verratzt und vollgestellt mit Vietnamtrash. Dort haust ein dubioses asiatisches Multidysfuntkionsunternehmen, das sich hinter den Mauern vor allzu deutscher Gründlichkeit verstecken kann.

Natürlich fehlt es nicht an Plattenbauten. Manche sind aufgehübscht und erzählen die Lüge vom Aufschwung bis zum nächsten Zusammenbruch. Andere zeigen ehrlich ihre ostige Breitseite. Selbst die, die nicht leer stehen, produzieren nicht mehr unbedingt etwas, sondern beherbergen das Hauptprodukt des überlegenen westlichen Kapitalismus: menschlichen Ausschuss. Ein findiger Geschäftsmann steigert das gesellschaftliche Gesamtwohl durch Gewinnschaffung aus Nichts, indem er Penner in seiner Platte einquartiert. Das hat gleich mehrere Vorteile: Der Staat zahlt die Miete, und die Penner sind weg vom Fenster.

Es gibt sie aber noch, die guten ehrlichen Arbeiter. Sie kommen aus Polen, Russland oder der Ukraine, stehen auf den Parkplätzen, rauchen und finden es riesig, dass sie die Drecksarbeit tun dürfen, die in Deutschland keiner mehr machen will. Die Üppigkeit der Tresendamen in der brachial minimalistischen Kantine veranschaulicht ihre Überzeugung, das angebotene Essen/Trinken sei so gut, dass man es sich literweise in den Körper pumpen müsse. Was auch immer die Zutaten mal waren, jetzt sind sie ein Matsch in Blechvertiefungen, der mit kopfgroßen Kellen ausgeschenkt wird. Die Preise können locker mit der polnischen Provinz mithalten, die Kundschaft schätzt das. Leider versteht die Karte nur Schweinefleisch.

Es reicht aber auch, sich ein Bier zu nehmen, wenn morgens um elf noch eins da ist, und es genüsslich mit Blick auf die Nuklearwüste zu trinken. Nirgends in Berlin ist man so weit weg von Hipstern, Snobs und verkrampftem Neidleben wie hier. Das wird sich auch nicht so schnell ändern. Die ganz eigene Hässlichkeit der Industriegebiete lässt sich nicht wegverwerten.

BEELITZ HEILSTÄTTEN – ABENTEUER FÜR SPARGELTARZAN

158 Beelitz, das ist für den Berliner Spargel. Das weiße Gemüse ist so ziemlich das einzige, das er isst, und dann eher aus Lokalpatriotimus als wegen des Geschmacks. Dass der Spargel im Boden vergammeln würde, wären nicht erfreulich viele Osteuropäer verzweifelt genug, für Dumpinglöhne zu arbeiten, die Aldi so schön billig halten, ist Nebensache. Sieht der Berliner nicht, denn nach Beelitz selber geht er nicht. Es gibt Spargel ja bei Aldi.

Die Hipsterfraktion sieht das anders. Erstens kauft sie ihren Spargel ja mal so was von im Bioladen. Am besten auf dem Biomarkt, wo man noch Stunden mit dem Bauern quatschen kann, der sich jeden einzelnen mal reingeschoben hat und das jetzt wortreich erklären kann. Die Ökos in der Schlange warten andächtig. Sie dürfen dem beiwohnen, was sie für funktionierenden sozialen Austausch halten. In Wirklichkeit ist es nur ein ausgeweitetes Verkaufsargument im Drang des Käufers, seine Monologe jedem aufzudrücken, den er für Geld kaufen kann. Dagegen ist das Piepen der Kasse bei REAL ein erfrischendes Zeichen ehrlichen Austauschs: Ich kaufe bei dir billig und verrecke an deinem Nahrungsschrott früh und qualvoll.

Der Hipster gehört zur größeren Gruppe der Ästheten, er ist die oberflächlichst mögliche Version. Was suchen die in Berlin? Nichts, genau, sie verarmen geistig. Kurz vor dem Kollaps, wenn Bonnies Ranch schon winkt und alle Flaschen teurer Biorotwein frustgesoffen sind, geht's ab nach Beelitz. Beelitz Heilstätten, um genau zu sein. Mitten im Wald liegt dort ein Ensemble verfallener Krankenhäuser und Villen. Die Geschichte lässt sich seit dem Kaiserreich so zusammenfassen: Krankenhaus, Kaserne, Krankenhauskaserne, zerbombt, Krankenhauskaserne, leer. Historische Protagonisten sind die üblichen Verdächtigen: Preußen, Nazis, Sowjets. Immer waren die Heilstätten das Größte, Beste und mitunter auch Schönste, was an Krankenhäusern zu haben war. So schön, dass sogar Hitler und Honecker es sich nicht nehmen ließen, hier vorbeizuschauen und leider nicht zu verrecken. Zum Pilgern ist also für jeden was da. Aber die Hipster kommen nicht deswegen, sondern wegen der Ästhetik, oder nicht so spannend formuliert: weil wie es aussieht. Jeder kann fotografieren, und jeder, der nichts anderes künstlerisch auf die Reihe kriegt, sich aber Künstler schimpfen lassen will, macht es auch. Verschreckt huschen sie dann durch die langen Gänge und sammeln Fotoeindrücke wie Schweinekoteletts. Spätestens seit hier für mehrere Kinofilme gedreht wurde, ist es ein Muss, hier gewesen zu sein. Läuft einem keiner über den Weg, sind die Heilstätten wirklich ganz hübsch. Es ist die Kombination aus einer Architektur von knapp vor dem Standardisierungszeitalter, dem Verfall und dem Wald. Denn der hat sich inzwischen das Areal zurückerobert. In den Anwesen blättert der Putz an majestätischen Treppenaufgängen, wachsen Bäume in große Säle, und hier und da findet man alte Krankenhaus- oder Folterutensilien. Wenig ist so akut einsturzgefärdet, dass man aufpassen muss, außer natürlich man ist ein bewegungsbehinderter Hipster.

Beelitz Heilstätten ist nicht mehr Berlin, das merkt man daran, dass es noch nicht voll erschlossen und mit Luxuslofts zugeknallt ist. Aber auch hier wurde ein Versuch gestartet, glücklicherweise ging die Gesellschaft pleite. Heute wird ein Teil wieder als Krankenhaus genutzt, und der nächste Aufwertungsanlauf steht in den Startlöchern. Im Land des Ordnungsfetischismus wird das unerhörte Chaos da draußen nicht mehr lange existieren können.

Textfehler, Kritik und Drohbriefe gerne an:
www.facebook.com/BerlinZumAbkacken

Dieses Buch wurde auf zyanidhaltigem Papier gedruckt. Die unterlassene Verwendung in Seminaren und Vorträgen und die nicht erfolgte Auswertung in elektronischen Medien, Datenbanken und ähnlichen Einrichtungen sowie beim Scheiße reden ist verboten.

ISBN 978-3-359-02381-4

Umschlaggestaltung: Verlag
Druck und Bindung: Grafica Veneta, Italien

Ein Verlagsverzeichnis schicken wir Ihnen gern:
Eulenspiegel · Das Neue Berlin Verlagsgesellschaft mbH & Co. KG
Neue Grünstraße 18, 10179 Berlin
Tel. 01805/30 99 99 (0,14 €/Min., Mobil max. 0,42 €/Min.)

Die Bücher des Eulenspiegel Verlags erscheinen
in der Eulenspiegel Verlagsgruppe.

www.eulenspiegel-verlagsgruppe.de